Nicolas Flamel

Histoire et Légende

UNICURSAL

Copyright © 2018

Éditions Unicursal Publishers
www.unicursalpub.com

ISBN 978-2-924859-64-3

Première Édition, Beltane 2018

ALBERT POISSON

Nicolas Flamel

Histoire et Légende

UNICURSAL

Préface

Lorsque, après plusieurs années de recherches laborieuses, nous étions enfin parvenu à retrouver la clef de l'Alchimie, à pouvoir expliquer les obscurs traités des Lulle et des Bacon, à jeter quelque lumière sur cette science aujourd'hui discréditée parce que mal comprise, l'idée se présenta de suite à notre esprit d'exposer l'Alchimie, ses principes, son histoire, en une série cyclique d'ouvrages, traitant chacun de la philosophie hermétique selon quelqu'un de ses différents aspects. Un premier volume : *Cinq traités d'alchimie*, simple traduction, avait été lancé pour ainsi dire comme essai, le résultat obtenu nous a engagé à continuer la série commencée. Les cinq traités, traductions de quelques ouvrages de Roger Bacon, Arnauld de Villeneuve, Albert-le-Grand, Raymond Lulle et Paracelse, ne s'adressaient qu'aux initiés, capables de lire avec intérêt un traité d'alchimie dans le texte ; pas de notes ni de commentaires qui pussent éclairer le profane, mais un glossaire de quelques pages, mémento plutôt que dictionnaire. Ensuite parut le second volume : *Théories et Symboles des alchimistes.* C'était une exposition méthodique des théories hermétiques, depuis les Grecs jusqu'à nos jours, une explication raisonnée des Symboles alchimiques dont on trouve l'origine en Égypte, et qui prirent une grande extension lorsque l'alchimie s'acheminait vers son apogée, c'est-à-dire vers la fin du quinzième siècle.

De ces deux ouvrages, l'un est l'énigme proposée aux chercheurs, aux occultistes, le second en est la solution. En attendant les autres traités sur la théorie alchimique, ce dernier volume suffisait pour donner l'intelligence de la plupart des hermétiques du moyen âge et des Temps modernes. D'autre part, il nous a paru inutile de publier les divers traités de l'encyclopédie alchimique dans leur ordre absolu, nous avons préféré suivre les hasards de nos études.

Dans l'histoire de l'Alchimie, deux philosophes nous ont paru mériter les honneurs d'une monographie, ce sont Paracelse et Nicolas Flamel, le premier à cause de l'importance de son œuvre, le second à cause du grand nombre de détails que nous avons sur sa vie. Enfin, ce sont, avec peut-être Albert-le-Grand, les plus connus de tous les alchimistes. Et pour ne parler que de Nicolas Flamel, sa célébrité est tellement grande en France, qu'il n'y a peut-être pas un intellectuel qui ne connaisse sa

légende. Sa maison, qui existait encore en notre siècle,
a occupé plus d'une fois les archéologues; les romanti-
ques, amoureux du moyen âge, se sont plus d'une fois
servis du nom de Flamel; mais tout ceci n'est rien en
comparaison de la renommée de l'illustre adepte aux siècles passés et surtout aux XVIIe et XVIIIe siècles. Sa maison et ses diverses fondations étaient alors des buts de
pèlerinage alchimique. Aucun disciple d'Hermès, français ou étranger, ne serait passé par Paris sans aller visiter
la maison de la rue des Écrivains et les deux arcades,
couvertes de symboles, du cimetière des Innocents. C'est
un fait que Flamel fut après sa mort, considéré surtout
en France comme un des plus grands maîtres de l'alchimie; ses ouvrages furent plus tard fort recherchés, surtout ceux qui n'existaient qu'à l'état de manuscrit; les
copies en furent multipliées surtout aux XVIIe et XVIIIe
siècles, preuve éclatante de la vogue dont Flamel jouis-
sait auprès des hermétistes. Bien plus, cet adepte n'est-il
pas le type du véritable alchimiste, travaillant sans cesse,
jamais lassé, jamais rebuté, partageant son temps entre
la prière, l'étude et le laboratoire, ne désirant la science
que pour elle-même, puis parvenu au but, employant
la richesse acquise en de bonnes œuvres, continuant
pour lui-même à vivre sobrement. Quel autre alchimiste
pouvait nous offrir une vie aussi bien remplie. D'autres,
Sethon, Kelley, Bacon, nous offrent une existence plus
mouvementée, plus dramatique, mais moins riche en
documents psychologiques.

Enfin, ce n'étaient pas là les seules raisons qui nous ont déterminé à écrire la monographie de Flamel ; tandis que les notices biographiques ont été multipliées pour Albert-le-Grand, Paracelse, Van Helmont, Raymond Lulle, Arnauld de Villeneuve, on n'avait sur Flamel que l'histoire de l'abbé Villain, riche en documents, mais mauvaise en ce sens qu'elle est terriblement partiale et que l'auteur s'efforce de démontrer une thèse préconçue : Flamel n'a jamais été alchimiste. Pour nous, au contraire, il s'est occupé d'alchimie ; mais nous ne prétendons pas imposer notre opinion, nous donnerons nos raisons, et le lecteur jugera en dernier ressort. Tout fait si minime qu'il soit sera pesé et discuté avec la plus grande impartialité ; nous aurons à combattre plusieurs objections, soit de l'abbé Villain soit d'écrivains postérieurs, nous le ferons en traitant autant que possible au propre point de vue de l'adversaire.

Qu'il nous soit enfin permis de répondre à une objection qui pourrait se présenter : À quoi bon passer son temps à des études inutiles ? Et d'abord, nous répondrons qu'il n'y a pas d'études inutiles, d'un livre si mauvais qu'il soit, disait Lucien, il y a toujours quelque profit à tirer. De même, une étude quelconque profite toujours et d'autre part nous ne voyons pas en quoi l'étude de l'alchimie est inutile. MM. Berthelot et Ruelle ont produit des travaux intéressants sur les origines de l'alchimie, et on les étonnerait peut-être en leur apprenant qu'ils ont perdu leur temps en des recherches inutiles.

Quant à ceux qui pontifient : « L'alchimie ? Stupide !
produit des siècles d'ignorance, à reléguer avec les autres
vieilleries intitulées : Sciences occultes ! » À ceux-là, nous
conseillerons de se tenir un peu au courant du mouvement scientifique actuel. Aux autres nous avions répondu par deux noms Berthelot et Ruelle, à ceux-là nous
en opposerons une brillante pléiade, Crookes, Aksakoff,
Richet, Papus, de Rochas, Barlet, nous en passons, la
liste en serait trop longue. À ceux-là qui nous servent de
vieilles objections et qui croient avoir anéanti quelqu'un
en l'accusant d'occultisme, nous dirons : l'occulte n'existe pas, le miracle est impossible, mais ce qui existe, c'est
notre ignorance actuelle de certaines lois, de certaines
forces, ignorance qui nous laisse muets devant nombre
de faits ; tout phénomène est digne d'étude, tout fait historique bien avéré est digne de foi, reste, si nous
    ne pouvons l'expliquer, à étudier pour lui trouver une
solution, et si notre science est forcée de laisser plus d'un
fait sans explication, le doute seul nous est permis et non
la négation. Il est presque banal de répondre encore que
ce qui nous étonne semblera naturel à nos successeurs,
que le phonographe eut stupéfié Pascal ou l'abbé Nollet,
alors que son fonctionnement nous paraît très simple et
que sa théorie nous est familière. La banalité facile de
cette réponse ne démontre-t-elle pas que, ceux-là font
des objections vieillottes, auxquels il faut opposer pareilles raisons.

Qu'il nous soit permis de remercier notre public spécial et les savants de leur accueil favorable. Nous serons trop heureux si l'alchimie mieux comprise intéresse les chercheurs, et surtout si le préjugé s'évanouit, qui faisait regarder les alchimistes comme des inutiles ou comme de brillants charlatans. Il n'est pas trop tôt pour rendre justice à ces obscurs et tenaces laborieux auxquels on doit la Chimie, la plus belle, la plus noble de toutes les Sciences.

Enfin, nous remercions au nom de tous nos lecteurs, notre ami, M. Taite, d'avoir, à l'aide des documents que nous lui avons fournis, reconstitué la véritable physionomie de l'illustre alchimiste.

Chapitre Premier

Naissance de Flamel à Pontoise — Ses parents — Il vient s'établir à Paris — Son mariage avec Pernelle — Condition de Flamel, — La petite école — La corporation des écrivains se transporte aux environs de l'église Saint-Jacques — Vie privée des deux époux — Iconographie de Flamel

Les Historiens de l'alchimie ne sont d'accord ni sur le lieu, ni sur la date de la naissance de Flamel ; il ne nous reste aucun document permettant de fixer la chose, on en est réduit à conjecturer à dix années près pour sa naissance : « Cependant, dit M. Figuier, en rapprochant quelques dates plus faciles à réunir, on trouverait sans doute que l'époque de sa naissance ne doit pas s'éloigner beaucoup de l'année 1330. » Nous donnons simplement cette date comme une approximation.

Quant à sa ville natale, Moreri, ainsi que La Croix du Maine, donnent Pontoise, d'autres Paris, l'abbé Villain lui ne se prononce pas. Or, Flamel habita toute sa vie à Paris, et comme de son temps on ne voyageait guère, comme d'autre part son industrie d'écrivain ne nécessitait aucune espèce de déplacement, nous sommes en droit de penser, si nous voyons Flamel avoir affaire dans une ville autre que Paris, qu'il avait des parents en ce lieu, qu'il y était demeuré dans son enfance et que peut-être il y était né. Paris étant mis à part, nous ne voyons que trois villes où Flamel ait eu affaire en sa vie : Compostelle, Boulogne et Pontoise. Pour Compostelle nous avons son propre témoignage, il y a été en pèlerinage implorer pour ses travaux l'assistance de saint Jacques. Boulogne les Menuls, était célèbre par son église, sorte de succursale du sanctuaire vénéré de Boulogne-sur- Mer, mais c'est plutôt Pernelle, l'épouse de Flamel, qui y eut affaire, et Flamel, étant très pieux, a doté cette église par dévotion, simplement en souvenir de sa femme. Reste Pontoise ; d'après l'abbé Villain, vers 1432, signification fut faite à un bourgeois de cette ville au sujet de la succession de Flamel, donc ce dernier avait des parents à Pontoise ; d'autre part en son testament Flamel laisse un legs à l'église Notre- Dame de Pontoise, située dans un des faubourgs de cette ville ; or, cette église ne présente rien de particulier, elle ne possède pas de reliques célèbres qui la désignent d'une façon spéciale à l'attention des fidèles. Flamel avait donc des raisons particulières de la doter et quelle plus plausible, sinon que ce fut sa paroisse natale ? D'autre part, nous avons écarté Paris pour une raison négative. En effet, si Flamel était né à Paris, les écrivains qui se sont occupés de lui (en particulier l'abbé Villain) et qui ont compulsé les archives de Saint-Jacques-la-Boucherie, paroisse de Flamel, n'auraient pas manqué de nous donner copie de son acte de baptême, puisqu'à cette époque les actes de naissance, de mariage et de décès se faisaient à l'église paroissiale où ils étaient conservés, ils ne l'ont pas fait, donc Flamel n'est pas né à Paris. Enfin quand on est placé entre plusieurs hypothèses on doit choisir celle qui présente le plus de preuves, pour toutes ces raisons nous admettons que Flamel est natif de Pontoise.

Si le doute a longtemps plané sur la ville natale de Flamel[1], il nous serait encore plus difficile de donner des détails précis sur son enfance et sa jeunesse, ce n'est guère qu'à partir de son mariage avec Pernelle que les témoignages abondent. Cependant, nous pouvons affirmer que ses parents jouissaient tout au plus d'une modique aisance, ainsi qu'il nous l'apprend lui-même. « Encore, dis-je, que je n'aye appris qu'un peu de latin pour le peu de moyens de mes parens, qui néanmoins estoient par mes envieux mesmes, estimez gens de bien » (*Le livre des figures*). Flamel savait donc le latin il en donne lui-même

---

1   Depuis, nous avons enfin mis la main sur un témoignage affirmatif des plus précieux, car il émane de Flamel lui-même. En effet, dans le Psautier chimique (voir chapitre VIII) dont Pernety nous a conservé des fragments, Flamel se qualifie lui-même de « ruril de Pontoise », c'est-à-dire natif. Désormais la question nous paraît tranchée.

d'autres preuves, dans le même ouvrage on lit à propos du manuscrit d'Abraham Juif : « Tant y a que je ne les sçavois pas lire, et que je sçai bien qu'elles n'estoyent point notes ny lettres Latines ou Gauloises. Car nous y entendons un peu » (*Le livre des figures*). Mais Flamel est bien modeste, car un peu plus loin il se représente causant en latin avec maître Canches !

Quant à la famille de Flamel, nous n'avons guère de renseignements sur elle, tout au plus savons-nous qu'il existait de son temps un autre écrivain de ce nom, Flamel le jeune, de son prénom Jean, mais ce n'était certainement pas son frère, car Flamel l'aurait mentionné dans son testament, soit pour un legs, soit pour des messes. C'est Guillebert de Metz qui nous parle de ce Jean Flamel, à l'endroit où il cite les écrivains du temps passé : « Gobert le souverain escripvain qui composa l'art d'escripre et de taillier plumes, et ses disciples qui par leur bien escripre furent retenus des princes, comme le jeune Flamel, du duc de Berry ; Sicart, du roy d'Angleterre ; Guillemin, du grand ministre de Rodes ; Crespy, du duc d'Orléans ; Perrin, de l'Empereur Sigemundus de Romme ». Plus loin il cite Nicolas Flamel : « Item Flamel l'aisné, escripvain qui faisoit tant d'aumosnes et d'hospitalitez et fit plusieurs maisons où gens de mestiez demouroient en bas et du loyer qu'ils paioient, estoient soutenus povres laboureurs en haut. »

Il est probable que Flamel passa ses premières années à Pontoise, sa ville natale, puis qu'il vint à Paris, où il entra en apprentissage chez un écrivain libraire (peut-être Gobert) pour y apprendre l'art de mouler de belles lettres gothiques et d'enluminer les manuscrits ; dès qu'il sut bien son métier, il travailla pour son compte et put s'établir libraire juré à Paris. Il est à croire qu'à cette époque ses parents étaient morts, et que c'est avec leur modeste héritage qu'il acheta la, charge de libraire juré. Quoi qu'il en soit, il vivait à peu près de son métier, quand il fut amené à faire un mariage, qui le mit de suite à l'aise. Son caractère égal, sa piété, son ardeur au travail l'avaient fait remarquer d'une nommée Pernelle ; cette « belle et honeste dame » déjà veuve de deux maris, Raoul Lethas et Jehan Hanigues, supportait avec difficulté la solitude et les tristesses du veuvage [2] ; amenée par quelqu'acte à copier, à entrer en relation avec Flamel, elle lui laissa entendre qu'elle prendrait volontiers mari ; quoiqu'elle fût plus âgée que lui, Flamel n'hésita pas et le mariage eut lieu environ l'année 1355. De nombreux avantages en résultaient pour lui ; n'ayant plus à se soucier de son intérieur il pouvait se réserver tout à son travail, la dot de Pernelle lui permettait d'étendre le cercle de ses opérations, enfin il trouvait en Pernelle une compagne fidèle, pleine de bonnes qualités et dont

---

2   Pernelle avait une sœur nommée Isabelle, mariée en secondes noces à Jehan Perrier, tavernier. Elle n'avait pas eu d'enfant de ce mariage, mais elle en possédait trois du premier lit : Guillaume, Oudin et Collin. Son mari avait nom Guillaume Lucas.

le dévouement ne lui fit jamais défaut. Aussi pendant quelques années Flamel fut-il prosaïquement heureux. Son métier d'écrivain tel qu'on le comprenait alors, lui rapportait suffisamment pour vivre même quand il ne se fût pas adonné à la confection des manuscrits de grand prix comme son confrère Jean Flamel, même s'il se fût contenté de faire les manuscrits courants et les copies d'actes. Nicolas Flamel achetait de plus des manuscrits pour les recopier ou les revendre, il correspondait donc à l'imprimeur, à l'éditeur et au libraire de nos jours. Enfin, il tenait chez lui une sorte d'école élémentaire, appelée petite école ou école française ; c'était l'enseignement primaire du temps ; on y apprenait à lire, à écrire, à compter, ainsi que les premiers éléments de la grammaire française.

Des gens de la cour, de nobles seigneurs envoyaient leurs enfants chez Flamel et souvent eux-mêmes y venaient apprendre à signer leur nom.

Flamel avait d'abord une échoppe au charnier des Innocents, mais il était établi depuis longtemps, lorsque la Corporation des Écrivains[3] se transporta en masse aux alentours de l'église Saint-Jacques. C'était la coutume que chaque corporation se confinât dans un quartier, dans une rue ; Guillebert de Metz, en dénombrant

---

3   Le nom de quelques-uns d'entre eux nous est parvenu : Ansel Chardon, écrivain et marguillier de Saint-Jacques, Jean Harengier, qui avait sa maison en face celle de Flamel, à l'autre coin de la rue de Marivaux, etc.

les rues de Paris, indique en même temps les corps de métiers qui les habitaient. Ainsi autour de l'église Saint-Jacques nous voyons la rue de Marivaus « où demeurent les clouctiers et vendeurs de fil », les rues de « la vieille Monnoye, la Haumerie, où l'on fait armeures. » La rue qui longeait l'église Saint-Jacques n'avait pas de nom, elle prit celui de la corporation qui venait de s'y établir, car auparavant on l'appelait simplement : « Rue de l'église Saint-Jacques. » Flamel suivit ses confrères, il acheta une échoppe adossée aux murs de l'église, et d'autre part un terrain, au coin de la rue de Marivaus et de la rue des Écrivains, sur lequel il fit élever une maison.

Son échoppe, au dire de Sauvai, avait deux pieds et demi de long sur deux pieds de large, ce qui semble fort étroit, mais il faut savoir que l'échoppe servait uniquement, à exposer les manuscrits, les spécimens du savoir-faire de l'écrivain. C'était encore dans cette échoppe que l'écrivain se tenait habituellement, c'est là qu'il attendait les clients et débattait les prix d'achat ou de vente. Quant aux élèves et aux ouvriers de Flamel, ils étaient à sa maison de la rue des Écrivains.

Cette maison était à l'enseigne de la fleur de Lys. Flamel y tenait l'école française ; dans une pièce séparée, les calligraphes et apprentis se livraient à la confection des psautiers et des livres d'heures, qui formaient alors le fonds de la librairie. Un ou deux calligraphes et quelques apprentis pour les menues besognes suffisaient largement à Flamel pour faire face aux demandes de sa clientèle. Le nom d'un seul des ouvriers de Flamel nous est parvenu, c'était un clerc nommé Maugin, qui serait en même temps de valet à Pernelle, cette dernière ne l'a pas oublié dans son testament.

Flamel et sa femme vivaient retirés, menant une vie simple, vêtus d'étoffes communes, mangeant dans la vaisselle de terre des mets grossiers, remplissant avec assiduité leurs devoirs de chrétiens. Jamais, même au moment de leur plus grande prospérité, ils ne se départirent de cette simplicité ; ceci ne concorde guère avec les affirmations de l'abbé Villain qui nous représente les deux époux comme très vaniteux! Deux servantes, Marguerite la Quesnel et sa fille, Colette aidaient Pernelle dans le ménage, cela n'était pas trop de deux domestiques, car, en outre des deux époux, il y avait les ouvriers à nourrir.

D'après les sculpteurs dont les reproductions nous sont parvenues, Flamel était d'une taille un peu au-dessus de la moyenne, le corps est robuste, les mains fines, la tête plutôt petite, le front haut et découvert indique l'intelligence, les yeux grands et enfoncés dans leurs orbites, le nez droit, signe de volonté et de persévérance, le menton est rond, la bouche avenante, plus propre au sourire qu'au rire, un peu d'amertume se décèle, dans deux plis partant des ailes du nez et encadrant la bouche. L'ensemble révèle la bonté et la finesse. Tel est du moins le portrait que l'on peut tracer de Flamel, d'après la gravure que l'on trouve en tête de l'histoire critique de l'abbé Villain et qui était elle-même une reproduction de la statue de Flamel qui décorait le portail de Sainte-Geneviève des Ardents. Cependant, il doit exister d'autres portraits de Flamel, gravés ou peints, si nous en croyons les deux passages suivants : « Du temps de Borel, on voyait son portrait peint (celui de Flamel) chez M. des Ardres, médecin, représenté en pèlerin. Son bonnet était de trois couleurs, noir, blanc, rouge » (*Dictionnaire de Moreri*). Et : « Il existe un portrait de Nicolas Flamel, alchimiste, gravé en Allemagne et copié depuis par Montcornet… M. Brunet de Presles possède une série de gouaches infolio, peintes vers la fin du règne de Louis XIV, on y remarque divers portraits de Flamel et une reproduction de ses hiéroglyphes » (Article Flamel, par V. de Viriville, dans le *Dictionnaire biographique d'Hœffer*).

Quant à Pernelle, représentée dans les figures du charnier des Innocents, elle était un peu plus petite que son mari, assez élancée, elle avait des traits fins et réguliers, le visage ovale. Tels étaient ces deux époux, dont les vertus devaient être récompensées par la découverte du prestigieux secret des Philosophes.

Chapitre Second

Songe de Flamel — Achat du livre d'Abraham Juif — Description de ce livre — Flamel commence à s'occuper d'alchimie — Les conseils de maître Anseaulme — Flamel se décide à faire le pèlerinage de Saint-Jacques-de- Compostelle.

Flamel vivait fort tranquillement, partageant également son temps pour la prospérité de ses affaires et pour le salut de son âme, lorsqu'une nuit il eut une vision.

Un ange lui apparut dans un nimbe éclatant, il tenait à la main un manuscrit dont la couverture présentait des caractères étranges : « Flamel, dit-il, regarde bien ce livre, tu n'y comprends rien, ni toi, ni beaucoup d'autres, mais tu y verras un jour ce que nul n'y saurait voir. » Flamel tendait la main quand il disparut.

Flamel ne songeait plus à la vision qui l'avait tant frappé, quand un jour de l'année 1357, il acheta d'un inconnu en quête d'argent, un vieux manuscrit orné de figures bizarres, il le paya deux florins[4]. « Celuy qui m'avoit vendu ce livre ne sçavoit pas ce qu'il valloit, aussi peu que moy quand je l'acheptay. Je croy qu'il avoit esté desrobé aux misérables Juifs, ou trouvé quelque part caché dans l'ancien lieu de leur demeure ».

L'ayant examiné, il reconnut le livre de sa vision. L'était un manuscrit « doré, fort vieux et beaucoup large, il n'estoit point en papier ou parchemin comme sont les autres, mais seulement il étoit fait de déliées escorces (comme il me sembloit) de tendres arbrisseaux. La couverture étoit de cuivre bien délié, toute gravée de lettres ou figures estranges, et quant à moy, je croy qu'elles pouvoient bien estre des caractères grecs ou autre semblable langue ancienne. Tant y a que je ne les sçavois pas lire et que je sçay bien qu'elles n'estoient point notes ny lettres latines ou gauloises, car nous y entendons un peu. Quant au dedans ses feuilles d'écorce estoient gravées et d'une très grande industrie, écrites avec une pointe de fer, en belles et très nettes lettres latines colorées. »

Ce livre n'avait point de titre, du moins Flamel n'en parle pas, mais; « Au premier des feuillets, il y avoit escrit en lettres grosses capitales dorées, Abraham le Juif, prince, preste, lévite, astrologue et philosophe, à la gent des Juifs, par l'ire de Dieu dispersée aux Gaules, salut D. I. Après cela il estoit remply de grandes exécrations

---

4   Les citations qui suivent sont tirées du Livre des figures hiéroglyphiques.

et malédictions avec ce mot Maranatha, qui estoit souvent répété contre une personne qui jetteroit les yeux sur iceluy, s'il n'étoit sacrificateur ou scribe.» Ce livre était l'œuvre du rabi Abraham, cabaliste sur lequel nous avons peu de détails. À part cet ouvrage sur l'alchimie (connu vulgairement sous le nom de *Livre d'Abraham Juif* et dont le nom réel serait : *Asch Mezareh* selon Eliphas Lévi), il nous reste de lui un autre ouvrage intitulé : *La sagesse divine* par Abraham le Juif, dédié à son fils Lamech. L'original semble perdu, mais il en existe une copie manuscrite du xviiie siècle dans la magnifique bibliothèque de M. Stanislas de Guaita.

Flamel n'osait passer outre devant les terribles imprécations de la première page, il était surtout intimidé par le mot de Maranatha, qui signifie : anathème, malédiction universelle. Cependant, c'était, assez l'habitude des alchimistes de placer ainsi l'anathème sur le seuil de leur œuvre pour arrêter les profanes. Roger Bacon n'écrit-il pas dans sa Première Lettre à Jean de Paris : « Maudit soit celui qui posséderait à la fois ces trois secrets [5] ». Cependant, Flamel réfléchit qu'il était scribe ou écrivain et que par conséquent il lui était permis, de passer outre, ce qu'il fit. « Dans ce livre au second feuillet, il consoloit sa nation, la conseillant de fuir les vices et surtout l'idolâtrie, attendant le Messie à venir avec douce patience,

---

5   Les trois secrets dont il s'agit sont : l'œuvre, la mixtion et la proportion.

lequel vaincroit tous les rois de la terre et règneroit avec sa gent en gloire éternellement. »Devant ces promesses, fleurant l'hérésie, Flamel n'a pas d'indignation, il ajoute simplement : « Sans doute, sçavoir esté un homme fort sçavant. »

Mais ce n'était là que l'introduction du livre d'Abraham'Juif, le reste de l'ouvrage, traitant d'alchimie, était divisé en sept chapitres, comprenant vingt-et-un feuillets (soit quarante-deux pages) ; il y avait en outre sept figures, quatre réparties dans le texte et trois en dehors, chacune à la fin d'un septenaire ; c'est-à-dire, après les pages 7, 14 et 21, elles n'étaient pas comptées dans la pagination. Mais laissons la parole à Flamel. « Au troisième feuillet et en tous les autres suivants écrits, pour ayder sa captive nation à payer les tributs aux empereurs romains et pour faire autre chose que je ne diray pas[6], il leur enseignoit la transmutation métallique en paroles communes, peignoit les vaisseaux au costé et advertissoit des couleurs et de tout le reste, sauf du premier agent dont il n'en disait mot, mais bien (comme il disoit au quatrième et cinquième feuillets entiers), il le peignoit et figuroit par très grand artifice. Car encore qu'il fut bien intelligiblement figuré et peint, toutefois aucun ne l'eût sceu comprendre sans estre fort avancé en leur cabale

---

6   Peut-être la reconstruction du Temple de Jérusalem ; en tout cas, remarquons ici combien Flamel se montre tolérant pour son époque en respectant le secret des Juifs.

traditive et sans avoir étudié les livres. » L'ouvrage contenait sept figures hiéroglyphiques, une à la fin de chaque
septenaire et quatre réparties dans la seconde partie de
l'ouvrage. Flamel les décrit soigneusement : « Au premier
septenaire, dit-il, il y avoit peint une Verge et des Serpens
s'engloutissans, au second septième une Croix où un serpent estoit crucifié, au dernier septième, estoient peints
des déserts, au milieu desquels coulaient plusieurs belles
fontaines, dont sortoient plusieurs serpens qui couroient
par cy et par là. » Quant aux autres figures il en parle
ainsi : « Donc le quatriesme et cinquiesme feuillet estoit
sans escriture, tout remply de belles figures enluminées,
ou comme cela[7], car cest ouvrage estoit fort exquis.
Premièrement, il peignoit un jeune homme avec des aisles aux talons, ayant une Verge caducée en main, entortillée de deux serpens, de laquelle il frapoit une, salade[8]
qui lui couvroit la teste. Il sembloit à mon petit advis le
Dieu Mercure des payens ; contre iceluy venoit courant
et volant à aisles ouverts un grand vieillard, lequel sur sa
teste avoit un horloge attaché, et en ses mains une faux
comme la mort, de laquelle terrible et furieux, il vouloit
trancher les pieds à Mercure. À l'autre face du feuillet
quatrième, il peignoit une belle fleur en la sommité
d'une montagne très haute, que l'aquilon esbranloit fort

---

7   Ces mots n'ont aucun sens pour nous, mais dans le manuscrit
du *Livre des figures hiéroglyphiques*, Flamel avait reproduit les figures
d'Abraham le Juif.
8   Casque.

rudement, elle avait le pied bleu, les fleurs blanches et rouges, les feuilles reluisantes comme l'or fin, à l'entour de laquelle les Dragons et Griffons Aquiloniens faisoient leur nid et demeurance. Au cinquiesme feuillet y avoit un beau rosier fleury au milieu d'un beau jardin, esche- lant contre un chesne creux, au pied desquels bouillon- noit une fontaine d'eau très blanche, qui s'alloit précipi- ter dans les abysmes, passant néantmoins premièrement, entre les mains d'infinis peuples qui fouilloient en terre, la cherchant, mais parce qu'ils estoient aveugles, nul ne la connoissoit fors quelqu'un, considérant le poids. Au dernier revers du cinquiesme, il y avoit un Roy avec un grand coutelas, qui foisoit tuer en sa présence par des soldats, grande multitude de petits enfans, les mères des- quels pleuroient aux pieds des impitoyables gendarmes, le sang desquels petits enfans, estoit puis après recueilly par d'autres soldats, et mis dans un grand vaisseau, dans lequel le Soleil et la Lune du ciel venoient se baigner. »

Nous reviendrons plus loin sur ces figures d'Abra- ham Juif, nous en donnerons une description plus com- plète et nous les expliquerons méthodiquement. Flamel ayant décrit tout au long les figures de son précieux ma- nuscrit, se défend d'en livrer le texte au public: « Je ne représenteray point, dit-il, ce qui estoit escrit en beau et très intelligible latin en tous les autres feuillets escrits, car Dieu me puniroit, d'autant que je connetrois plus de méchanceté que celuy (comme on dit) qui disoit que tous les hommes du monde n'eussent qu'une teste et qu'il la peut couper d'un seul coup.» Flamel comprit de suite l'immense valeur du manuscrit que la Providence avait fait tomber entre ses mains, et il rendit tout d'abord grâce à Dieu.

Le livre d'Abraham Juif enseignait la manière de faire de l'or; malheureusement, le premier agent n'était pas désigné, et si plusieurs opérations étaient décrites fort clairement, quelques autres, notamment la préparation de la matière première, les degrés du feu, les proportions étaient simplement indiquées par les sept hiéroglyphes. Flamel malgré tout se mit à réfléchir, à relire son trésor, à le commenter, mais en vain, l'obscurité l'enveloppait de toute part. Il promenait partout un front soucieux, son humeur devenait fantasque, mais quoiqu'il fît pour céler[9] son souci, Pernelle s'en aperçut dès les premiers jours, discrète elle n'en dit d'abord rien, enfin n'y pouvant plus tenir, par tendresse ou par curiosité, elle interrogea son mari. Flamel résista, puis le secret lui pesant, il se soulagea par la confidence, il apprit tout à Pernelle, l'achat du manuscrit, son contenu, les trésors promis à celui qui le comprendrait: « Je ne peus jamais tenir ma langue que je ne luy dise tout, et luy montrasse ce beau livre, duquel à mesme instant qu'elle l'eust veu, elle en fust autant amoureuse que moi mesme, prenant un extrême plaisir de contempler ces belles couvertures, gravures, images et pourtraicts, auxquelles figures elle entendoit aussi peu

---

9   Cacher (NDE).

que moy. Toutefois ce m'estoit une grande consolation d'en parler avec elle et de m'entretenir, qu'est-ce qu'il faudroit faire pour avoir l'interprétation d'icelles. » Flamel était absolument novice en alchimie, il avait certainement auparavant vu quelques manuscrits hermétiques, mais il n'avait jamais eu la curiosité de les parcourir. Et voici que tout d'un coup il se prend d'une belle passion pour l'alchimie. Son amour des beaux livres y est certainement pour quelque chose, le manuscrit d'Abraham Juif l'a conquis dès l'abord par sa richesse, sa vénérable antiquité, ses délicates enluminures, un livre aussi riche ne peut contenir que de bonnes choses. Et puis n'est-il pas écrit de la main d'un Juif : au moyen âge, le Juif est en dehors de la société, il est même souvent hors de la loi, et cependant ce paria règne d'une manière occulte, il se fait petit dans la rue où sa livrée le désigne aux injures de la populace, il s'humilie même devant le seigneur qui vient lui emprunter, il souffre tout, car il a l'intuition que lui aussi. sera tôt ou tard le premier, grâce aux deux puissants leviers d'Israël : la ténacité et l'argent. Le Juif exécré est cependant redouté, le peuple l'accuse d'être familier avec Satan, tous les sacrilèges commis dont les auteurs ne peuvent être retrouvés, tous les crimes sont mis au dossier du Juif. Aussi une sorte de terreur superstitieuse s'attache à lui. Le chrétien ira de préférence acheter chez le Juif, sachant d'avance qu'il sera volé, c'est l'attirance de la mouche par l'araignée ; les papes et les rois ont à leur service des médecins ou des astrologues juifs, il leur semble, que la science d'un Juif doit être supérieure justement à cause de son origine illicite.

Le livre d'Abraham Juif parut donc à Flamel à cause même de sa provenance beaucoup plus précieux qu'un traité d'Hermès ou de Geber. Au reste, il était rempli de caractères hébraïques et de chiffres dont on ne pouvait comprendre le sens qu'en étant versé dans la Kabbale, un livre plus facile à comprendre aurait été peut-être dédaigné, celui-ci irrita la curiosité de Flamel qui se promit de déchiffrer tous ces arcanes, et il tint sa promesse!

Nous n'avons pas fait entrer en ligne l'appât des richesses, c'est que Flamel n'a jamais désiré l'or pour lui-même, peu lui importait d'être riche ou pauvre, il donna tout aux pauvres et aux églises, et quand il mourut il n'était guère plus riche qu'avant d'avoir opéré la transmutation, du reste il ne fit cette opération que trois fois dans sa vie! Est-ce là le caractère d'un homme avide d'or? Si nous insistons tant sur ce point, c'est que dès à présent il faut bien comprendre que Flamel n'étudia l'alchimie que par curiosité, par amour de la science et non dans un but de lucre, ce qu'il voit à la fin de ses travaux, c'est de pouvoir enfin lire couramment son mystérieux livre d'Abraham Juif, de pouvoir déchiffrer les hiéroglyphes dont le sens lui échappe, il n'a qu'un désir, parfaire le grand œuvre, et contempler les merveilles de la pierre des philosophes! Voilà les seules raisons qui poussent Flamel, les obstacles, les déceptions ne feront que l'irriter sans le décourager.

La résistance soutient les forts, car seuls ils sont capables de puiser de nouvelles forces dans la lutte.

Flamel était donc songeant nuit et jour à son manuscrit, mais nous avons vu qu'il était absolument novice en la science d'Hermès, et circonstance aggravante, le livre d'Abraham est l'un des plus obscurs et des plus symboliques de toute la bibliographie alchimique.

Flamel ne pouvait entreprendre seul l'étude de l'hermétisme, il lui fallait un maître pour le diriger. Il s'aboucha donc avec quelques-uns des nombreux alchimistes de Paris. Mais à quel titre leur demander des renseignements, fallait-il avouer qu'il s'occupait d'alchimie ? Non, cela eût fait tort à son commerce et à sa considération, puis quelque souffleur n'aurait pas manqué de s'insinuer dans sa confiance, puis de venir s'installer chez lui. Flamel aimait la tranquillité et il ne tenait pas du tout alors à passer pour alchimiste, le métier était assez dangereux et le malheureux qui attirait l'attention sur lui avait le choix, entre : travailler pour le Roy dans une tour bien gardée, ou aller bénir les passants avec les pieds du haut d'un gibet doré, en cas de refus. Pour résoudre cette difficulté, Flamel fit copier sous ses yeux par un habile enlumineur les sept figures et il les montrait à ceux de ses clients et connaissances qu'il savait avoir fait quelqu'étude de l'alchimie. Il leur demandait simplement ce que ces figures pouvaient bien signifier ; à ceux, dont la discrétion lui était assurée, il avouait que c'étaient des hiéroglyphes alchimiques tirés d'un manuscrit sur la pierre philosophale. Mais laissons Flamel raconter lui-même ses tribulations : « Enfin je fis peindre le plus au naturel que je peux, dans mon logis, toutes ces figures et pourtraicts du quatriesme et cinquiesme feuillet, que je monstray à Paris à plusieurs grands clers qui n'y entendire jamais plus que moy.

Je les advertissois mesmes que cela avoit esté trouvé dans un livre qui enseignoit la pierre philosophale, mais la plus part d'iceux se moquèrent de moy, et de la bénite pierre, fors un appellé Maistre Anseaulme, qui estoit licencié en médecine, lequel estudioit fort en ceste science. Iceluy avoit grande envie de voir mon livre et n'y eust chose qu'il ne fit pour le voir, mais tousiours je l'asseuray que je ne l'avois point, bien luy fis-je une grande description de sa méthode ».

Pour comprendre l'empressement de maître Anseaulme, il faut savoir qu'à cette époque l'alchimie commençait à s'étendre. Raymond Lulle était mort dans les premières années du xive siècle, mais Jean de Meung, Cremer, Richard l'Anglais, Odomar, Jean de Rupescissa, Ortholain avaient suivi ses traces, l'alchimie gagnait peu à peu, pas de famille où il n'y eût un hermétiste. La science commençait à se répandre hors des monastères où elle avait été d'abord à peu près exclusivement renfermée. L'école alchimique occidentale commence à se constituer avec Roger Bacon et Albert le Grand, Raymond Lulle et Arnauld de Villeneuve. Ce sont eux qui répandent dans l'occident barbare toute la science antique recueillie et accrue par les Arabes ; l'alchimie fait partie de ces connaissances, ainsi qu'Hoeffer l'avait démontré (Thèse reprise par M. Berthelot).

L'alchimie pénétrait donc peu à peu les diverses couches de la société; mais les manuscrits étaient rares encore, ils coûtaient fort cher, on se les prêtait comme de précieux trésors; les auteurs eux-mêmes étaient peu nombreux, quelques arabes: Geber, Avicenne, Kalid, Morien, quelques gréco-égyptiens, Hermès, Synésius, Démocrite, plus les œuvres des premiers maîtres occidentaux, tels étaient les manuscrits que l'on étudiait le plus communément. Aussi quand un alchimiste entendait parler d'un nouveau manuscrit encore inconnu, faisait-il tout son possible pour le posséder ou tout au moins le copier, le lire! Peut-être enfin la matière serait-elle désignée dans ce manuscrit, peut-être serait-ce là le manuscrit introuvable où le grand œuvre est décrit sans mystères? C'était là certainement la pensée de maître Anseaulme, mais devant les dénégations systématiques de Flamel, il se résigna à lui expliquer les figures d'Abrabarn sans plus chercher à voir l'original, voici cette explication de souffleur, que Flamel nous a conservée.

« Il disoit que le premier portraict représentoit le temps qui dévoroit tout ce qu'il falloit l'espace de six ans selon les six feuillets escrits, pour parfaire la pierre, soutenoit qu'alors il fallait tourner l'horloge et ne cuire plus. Et quand je lui disois que cela n'estoit peint que pour démontrer et enseigner le premier agent (comme estoit dit dans le livre), il respondoit que ceste coction de six ans estoit comme un second agent. Que véritablement le premier agent y estoit peint, qui estoit l'eau blanche et pesante, qui sans doute estoit le vif-argent, que l'on ne pouvoit fixer ny à iceluy couper les pieds, c'est-à-dire oster sa volatilité, que par ceste longue décoction dans un sang très pur de jeunes enfans, que dans iceluy, ce vif-argent se conjoignant avec l'or et l'argent se convertissoit premièrement avec eux en une herbe semblable à celle qui estoit peinte, puis après par corruption en serpens, lesquels estans après entièrement asséchez et cuiz par le feu, se réduiroient en poudre d'or qui seroit la pierre.» Si les autres explications de maître Anseaulme étaient de cette force, Flamel non seulement n'en savait pas plus qu'avant, mais encore il s'engageait dans un labyrinthe sans issue; maître Anseaulme n'était en somme qu'un vulgaire souffleur, il prenait à la lettre les paraboles des philosophes et s'il travaillait de la même façon, ses œuvres devaient avoir deux termes: l'imbécillité et le sacrilège. On trouvera plus loin l'explication des figures d'Abraham selon les principes exposés dans notre précédent ouvrage: *Théories et Symboles des alchimistes*, et l'on verra combien elles diffèrent de celle de maître Anseaulme, le médecin alchimiste! Flamel ayant bien médité le livre d'Abraham Juif, crut devoir néanmoins passer à la pratique; il travaillait en secret et nul autre que Pernelle ne sut jamais qu'il s'occupait d'alchimie; il avait fini par ne plus demander de conseils, inutiles toujours, nuisibles souvent; mais pour travailler selon sa propre inspiration, il n'en faisait pas pour cela de meilleur ouvrage. Les jours se succédaient, les mois suivaient les mois, les années s'ajoutaient aux années, et pas le moindre succès ne venait l'encourager ; il n'en persévérait pas moins, ne quittant l'athanor que pour aller à l'église Saint- Jacques, il partageait son temps entre la prière et la méditation des anciens philosophes, car Flamel s'était monté une bibliothèque hermétique et il possédait plusieurs manuscrits. Il existe à la Bibliothèque nationale un manuscrit coté 19.978, supplément français, fonds Saint-Germain-des-Prés, qui porte à la fin le nom de Flamel, c'est le *Livre des Lavûres*, copié de la propre main de l'écrivain, nous en reparlerons ; de plus nous trouvons ceci dans le *Dictionnaire* de Moreri. « Il existe un manuscrit de chymie d'Almasatus au roi de Carmasan, qui porte le titre de propriété de Nicolas Flamel. » Ainsi donc, Flamel, malgré toutes les petites raisons de l'abbé Villain, s'occupait d'alchimie et sérieusement même.

Néanmoins malgré tous les conseils des clercs en hermétique, malgré ses propres travaux, malgré les lumières qu'il pouvait tirer de ses manuscrits ou même à cause de tout cela, il ne faisait rien qui vaille, les avis étonnants de maître Anseaulme y étaient bien pour quelque chose, aussi nous dit-il : « Cela fut cause que durant le long espace de vingt-et-un ans je fis mille brouilleries, non toutefois avec le sang, ce qui est méchant et vilain. Car je trouvois dans mon livre que les Philosophes appelaient sang, l'esprit minéral qui est dans les métaux, principalement dans le Soleil, la Lune et Mercure, à l'assemblage desquels je tendois toujours, aussi ces interprétations pour la plus part estoient plus subtiles que véritables. Ne voyant donc jamais en mon opération les signes ou temps escrit dans mon livre, j'estois tousiours à recommencer.» Flamel n'a pas une parole amère pour ceux dont les pernicieux conseils lui ont fait dépenser tant de temps et tant d'argent il n'a pas un regret pour les années écoulées, pas un seul instant de défaillance.

Cependant comme il en était à peu près au même point qu'en commençant, il réfléchit qu'il ferait bien de voyager, il connaissait déjà quelques souffleurs à Paris, mais aucun n'était assez avancé pour lui être utile. Au reste il lui fallait trouver non seulement un philosophe, mais encore un kabbaliste pour lui expliquer certains passages écrits en hébreu. Il irait donc en Espagne où les Juifs étaient alors fort nombreux ; longtemps en relation avec les Maures, ils avaient profité du contact et ils avaient produit nombre d'excellents médecins recherchés des cours d'Europe. Le but de son voyage était Saint-Jacques-de-Compostelle en Galicie (en espagnol Santiago ou Compostella) but célèbre de pèlerinage, que Flamel avait fait vœu de visiter en l'honneur de Saint-Jacques, patron de sa paroisse.

Chapitre Troisième

yant donc fait vœu « à Dieu et à Monsieur
Saint- Jacques de Gallice, pour demander l'interprétation d'icelles (les figures),
à quelque sacerdote juif, en quelque sy-
nagogue d'Hespaigne » et Pernelle ayant consenti au
voyage, Flamel partit avec l'habit de pèlerin orné de co-
quilles et le bourdon à la main. Il emportait avec lui copie des figures d'Abraham et un extrait des passages qui
lui avaient paru plus importants. « Donc en cette mesme
façon je me mis en chemin et tant fis que j'arrivais à
Montjoye et puis à Sainct-Jacques ou avec une grande
dévotion j'accomplis mon vœu ». Nous n'avons aucun
renseignement sur le chemin suivi par Flamel pour aller

en Espagne, mais on peut supposer qu'il y alla par le chemin que le roi Bermude avait fait tracer à travers la Navarre, la Rioja et le territoire de Burgos, spécialement pour les pèlerins venant de France

Arrivé sur le mont de l'Humilladoiro, d'où l'on découvre la cathédrale de Saint-Jacques, Flamel se prosterna et pria quelques instants selon la coutume, peut-être avait-il l'intuition que son vœu serait exaucé.

Quelques mots sur Saint-Jacques-de-Compostelle, que nous appellerons désormais de son nom espagnol, Santiago (San Iago, Saint Jacques). En 835, Théodomir, évêque d'Iria, fut informé par un montagnard que sur une colline boisée à quelque distance à l'ouest du mont Pedroso, on apercevait la nuit une lumière douce légèrement bleuâtre, et quand le ciel était sans nuages, on voyait une étoile d'un merveilleux éclat au-dessus de ce même lieu. Théodomir se rendit avec tout son clergé sur la colline, on fit des fouilles à l'endroit indiqué, et on trouva dans un cercueil de marbre un corps parfaitement conservé que des indices certains révélèrent être celui de l'apôtre saint Jacques. On construisit naturellement une chapelle, les pèlerins affluèrent, des maisons se construisirent autour de la chapelle, bientôt l'agglomération put s'appeler ville, la chapelle fut transformée en cathédrale. L'évêque d'Iria transporta son siège dans la nouvelle ville qui reçut le nom de Santiago (S. Jacques) ou encore de Compostelle (campus stelloe, champ de l'étoile). Flamel, ayant en compagnie des autres pèlerins été admis à baiser le manteau de Saint-Jacques, après avoir distribué des aumônes et ardemment prié, se remit en route. Il revenait par le même chemin, lorsqu'à Léon, il rencontra un marchand français originaire de Boulogne, il fut mis par lui en relation avec un médecin juif nommé maître Canches, qui demeurait alors à Léon. C'était un Juif converti au christianisme, et « fort sçavant en sciences sublimes » c'est-à-dire Kabbaliste très instruit. Lors de leur première entrevue, le marchand de Boulogne, qui servait d'intermédiaire, expliqua à maître Canches que Flamel avait à lui demander son avis au sujet de certaines figures mystérieuses copiées dans un livre très ancien. Flamel ayant donc exhibé ses copies, maître Canches change subitement de visage, il rayonne, il exulte, c'est que ces figures sont tirées de l'Asch Mezareph du rabi Abraham, livre que les cabalistes croyaient à jamais perdu. Dans sa joie il cherche à communiquer directement avec Flamel, il lui demande en latin s'il a quelque nouvelle du manuscrit original, et Flamel lui répond dans la même langue qu'il a « espérance d'en avoir de bonnes nouvelles si quelqu'un lui déchiffrait ces énigmes. Tout à l'instant transporté de grande ardeur et joye, il commença de m'en déchiffrer le commencement ». Voilà maître Canches et Flamel grands amis, l'un a trouvé un manuscrit que l'on croyait perdu, l'autre tient enfin l'explication de ces figures qui l'embarrassaient tant. Quand Flamel eût révélé qu'il possédait l'original, mais qu'il ne le montrerait qu'à la condition qu'on lui expliquât tout, maître Canches n'hésita pas à faire le voyage pour voir le précieux manuscrit. Ayant à peine pris le temps de mettre ordre à ses affaires, il partit avec Flamel. Les deux compagnons se rendirent à Oviédo et de là à Sanson où ils prirent la mer, pour revenir plus rapidement. « Nostre voyage avoit esté assez heureux et désia depuis que nous estions entrés en ce royaume, il m'avait très véritablement interprété la plus part de nos figures, où jusques mesmes aux points, il trouvoit de grands mistères. (ce que je trouvois fort merveilleux), quand arrivans à Orléans, ce docte homme tomba extrêmement malade, affligé de très grands vomissemens qui luy estoient restez de ceux qu'il avoit souffert sur la mer. Il craignoit tellement que je le quittasse, qu'il ne se peut rien imaginer de semblable. Et bien que je fusse tousiours à ses costez, si m'appelloit-il incessamment, enfin il mourut sur la fin du septième jour de sa maladie dont je feus fort affligé ; au mieux que je peus, je le fis enterrer en l'église Sainte-Croix à Orléans, où il repose encore. Dieu aye son âme. Car il mourut en bon chrestien. Et certes, si je ne suis empesché par la mort, je donneray à ceste église quelques rentes pour faire dire pour son âme tous les jours quelques messes ». Pauvre Canches ! Flamel, attristé par la mort de son compagnon, se remit en chemin pour Paris.

Son voyage avait pleinement réussi, il connaissait maintenant le premier agent, la matière, le fourneau ; quelques détails lui étaient encore inconnus, mais avec ce qu'il savait il pouvait dès lors opérer sans crainte d'errer misérablement. Aussi quelle fut la joie de Pernelle quand, elle vit revenir son époux, bruni par le soleil d'Espagne, quelle joie surtout quand elle connut le résultat du voyage. « Qui voudra voir l'estat de mon arrivée, dit Flamel, et la joye de Pernelle, qu'il nous contemple tous deux en cette ville de Paris sur la porte de la chapelle Saint-Jacques de la Boucherie, du costé et tout auprès de ma maison, où nous sommes peints, moy rendant grâces aux pieds de M. Saint-Jacques de Gallice et Pernelle à ceux de M. Saint-Jean, qu'elle avait si souvent invoqué. » Flamel se remit courageusement au travail, il était maintenant certain de trouver. Mais la matière première étant assez longue à préparer il dut passer encore de longs mois avant de voir sa persévérance récompensée. Il ne lui fallut pas moins de trois ans pour parvenir enfin au but tant désiré, ce qui ajouté aux vingt et un ans dépensés en recherches avant son pèlerinage, représente vingt-quatre années d'un travail incessant.

Il nous a résumé lui-même sa manière de travailler et comment il parvint enfin à préparer la Matière. « Tant y a que par la grâce de Dieu et intercession de la bienheureuse et sainte Vierge et benoists sainct Jacques et Jean, je sçeus ce que je désirois, c'est-à-dire les premiers principes, non toutesfois leur première préparation qui est une chose très difficile sur toutes celles du monde. Mais je l'eus encore à la fin après les longues erreurs de trois ans ou environ, durant lequel temps je ne fis qu'estudier et travailler, ainsi qu'on me peut voir hors de cette

Arche, où j'ay mis des processions contre les deux piliers d'icelle, sous les pieds de Sainct Jacques et Sainct Jean, priant toujours Dieu le chapelet en main, lisant très attentivement dans un livre et pesant les mots des Philosophes, et essayant puis après les diverses opérations que je m'imaginois par leurs seuls mots. Finalement je trouvay ce que je désirois, ce que je reconnus aussitost par la senteur forte ». La matière préparée, le reste du Grand-Œuvre est selon les philosophes un travail de femmes et un jeu d'enfants. Il n'y avait plus qu'à chauffer la matière dans un matras de verre ou œuf philosophique, renfermé dans un fourneau spécial nommé Athanor ; la matière passait alors par une série de couleurs et de modifications dont la succession en un certain ordre prévu indiquait à l'alchimiste qu'il était dans la bonne voie[10]. C'est ainsi que Flamel vit sa matière devenir grise, puis noire. Cette couleur noire était appelée par les philosophes : tête de corbeau. C'est la clef du grand-œuvre et la première des couleurs principales. Puis un cercle blanc entoura la noirceur comme une auréole.

Du cercle rayonnèrent vers le centre des filaments blancs qui envahirent la masse jusqu'à ce que toute trace de noir eut disparu. Dans cet état de blancheur parfaite, la matière porte le nom de petite pierre ou élixir blanc, elle change les métaux en argent. En voyant apparaître cette couleur, Flamel n'alla pas plus loin pour cette fois,

---

10   Voir : *Théories et Symboles des alchimistes. Le grand œuvre.*

dans son impatience il ouvrit l'œuf philosophique pour essayer son élixir.

« Donc, nous dit-il, la première fois que je fis la projection, ce fust sur du Mercure, dont j'en convertis demy livre ou environ en pur argent, meilleur que celuy de la minière, comme j'ay essayé et faict essayer plusieurs fois. Ce fut le 17 janvier, un lundy environ midy, en ma maison, présente Pernelle seule, l'an de la restitution de l'humain lignage mil trois cens quatre-vingt-deux ans. » Sûr dès lors d'être dans la bonne voie, il reprit ce qui lui restait d'élixir blanc et le remit dans l'œuf philosophique pour le parfaire et obtenir la grande pierre ou élixir rouge, la véritable pierre philosophale, celle qui transmue les métaux en or. La matière passe par les couleurs de l'iris ou de l'arc-en-ciel, puis par le jaune orangé, l'orangé et enfin la couleur pourpre. Flamel prit alors la matière au rouge, et en ayant enveloppé un fragment dans de la cire, il projeta le tout sur du mercure chauffé dans un creuset, mais laissons-le décrire lui-même cette fameuse projection. « Et puis après en suivant toujours mot à mot mon livre, je la fis avec la pierre rouge sur semblable quantité de mercure, en présence encore de Pernelle seule, en la mesme maison, le vingt-cinquiesme jour d'avril de la mesme année, sur les cinq heures du soir, que je transmuay véritablement en quasi autant de pur or, meilleur très certainement que l'or commun, plus doux et plus ployable. Je le peux dire avec vérité. »

Voilà donc Flamel parvenu au but de ses désirs, il peut lire couramment le manuscrit d'Abraham Juif, il sait maintenant quelles opérations indiquent les mystérieuses figures, comment il faut s'y prendre pour parfaire le grand œuvre et cela lui suffit. Un autre aurait produit des monceaux d'or pour se livrer sans frein à toutes les extravagances d'une imagination en délire, un autre aurait étonné le monde par son faste, faisant l'aumône aux rois, mettant par la puissance de l'or l'univers à ses pieds, lui au contraire continue à vivre modestement. Il méprise l'or, il a la science, c'est elle seule qu'il recherchait. Il se contente de savoir qu'il peut, mais il ne veut pas, la richesse lui est tellement indifférente qu'il ne fit que trois fois la projection dans sa vie (outre les deux premières) ainsi qu'il nous l'affirme lui-même, et Pernelle qui s'y entendait aussi bien que lui, ne le poussa jamais à recommencer. Tous deux ne songent plus qu'à leur salut, avec le produit de trois projections Flamel fait des dons aux églises et aux couvents ; il dote les hôpitaux, il secourt les pauvres. Cet homme d'élite comprend si bien que ce n'est pas la richesse qui fait le bonheur, qu'il ne lègue aucun bien à celui de ses neveux qu'il a distingué pour sa bonne conduite, il lui lègue simplement la science, un manuscrit de sa propre main où il lui enseigne l'art divin de transmuer les métaux.

Ce qu'il faut retenir de tout ceci, c'est que N. Flamel n'a jamais souhaité la richesse et que devenu adepte, il n'a usé de la Pierre qu'avec discrétion. Encore n'employa-t-il cet argent qu'à des fondations pieuses. La prière le prévint des tentations, car c'était un homme pieux, voici sa prière ordinaire qui se trouve en tête du *Livre des figures hiéroglyphiques* : « Loué soit éternellement le Seigneur mon Dieu, qui eslève l'humble de la basse pouldrière[11], et faict esjouyr le cœur de ceux qui espèrent en luy, qui ouvre aux croyans avec grâce les sources de sa bénignité et met sous leurs pieds les cercles mondains de toutes les félicités terriennes. En luy soit tousiours nostre espérance, en sa crainte nostre félicité, en sa miséricorde la gloire de la réparation de nostre nature et en la prière nostre seureté inesbranlable. Et toy, ô Dieu tout-puissant, comme ta bénignité a daigné ouvrir en la terre devant moy, ton indigne serf, tous les trésors des richesses du monde, qu'il plaise à ta grande clémence, lorsque je ne seray plus au nombre des vivans, de m'ouvrir encor les trésors des Cieux, et me laisser contempler ton divin visage, dont la Majesté est un délice inesnarrable, et dont le ravissement n'est jamais monté en cœur d'homme vivant. Je te le demande par le Seigneur Jésus-Christ ton fils bien aymé qui en l'unité du Saint-Esprit vit avec toy au siècle des siècles. Ainsi Soit-il. » Combien différente cette prière de celle que l'abbé Villain a copiée dans d'Hydrolitus Sophicus (*Museum hermeticum*) et qui est une prière d'un alchimiste quelconque, l'abbé Villain n'affirme pourtant pas que cette prière soit de notre

---

11   Poussière (NDE).

adepte: « Flamel dit sans doute... » dit-il. Mais après lui Collin de Plancy affirme gravement que cette prière est de Flamel, et Figuier après lui sans se donner la peine de vérifier, seulement Figuier enjolive la chose, la prière de l'Hydrolitus serait celle que Flamel faisait chaque jour pour obtenir du ciel l'interprétation des figures d'Abraham Juif. Et ainsi l'on écrit l'histoire.

Chapitre Quatrième

Flamel s'est-il occupé d'alchimie ? Les raisons de l'abbé Villain — Celles de Salmon — Nos raisons — Le livre d'Abraham Juif — Flamel a été un alchimiste

Yant montré Flamel alchimiste et adepte, nous allons examiner une grosse question : Flamel s'est-il réellement occupé d'alchimie ? C'est que la chose a été discutée, d'autre part il n'est pas trop tard pour en parler, il valait mieux exposer d'abord les faits, quitte à les examiner ensuite.

Donc Vallet de Viriville regarde toute cette partie de l'histoire de Flamel comme une légende, il ne va cependant pas aussi loin que l'abbé Villain qui n'y voit qu'un roman fabriqué au XVIIe siècle par Arnauld de la Chevalerie. Figuier plus prudent ne se prononce pas.

Les raisons de Vallet de Viriville étant renouvelées de l'abbé Villain, nous n'examinerons que celles de ce dernier.

L'abbé prétend que le *Livre des figures hiéroglyphiques* n'est pas l'œuvre de Flamel, mais bien d'Arnauld de la Chevalerie (gentilhomme poictevin qui le fit imprimer pour la première fois en le traduisant du latin), et cela parce que, dit-il :

1° On n'a jamais vu l'original latin. Remarquez que : on, c'est lui, l'abbé. Mais, répondons-nous, a-t-on jamais vu l'original grec de l'Iliade ou l'original latin de l'Enéide, et sans aller si loin, combien de chefs-d'œuvre imprimés au xviiie et au xixᵉ siècle et dont les manuscrits originaux n'existent plus. En posant comme loi le principe de Villain, combien d'ouvrages seraient apocryphes ! Passons !

2° Chose grave selon lui, la première projection est datée du 17 janvier 1382, la seconde du 25 avril « de la même année » dit Flamel, Or, l'année commençant à Pâques, on était depuis le 6 avril dans l'année 1383. La fête de Pâques étant mobile, pour éviter la confusion, on indiquait dans les actes passés du 22 mars au 25 avril, s'ils avaient été rédigés avant ou après Pâques. Constatons que ce système prêtait par conséquent à confusion et que Flamel aura pu se tromper.

3° Enfin, dit-il, le 17 de janvier 1382 était un vendredi et Flamel dit un lundi, et sur ce l'abbé triomphe. Mais Flamel travailla à deux reprises au *Livre des figures hiéroglyphiques*, en 1399 et en 1413. Mettons qu'il ait rédigé cette première partie en 1399, la première projection était donc éloignée de dix-sept ans ! Ma foi, nous trouvons que Flamel pouvait fort bien ne pas se rappeler au juste quel jour de la semaine elle avait eu lieu et nous ne le chicanerons pas pour cela. Telles sont les raisons de l'abbé Villain, nous y avons répondu, le lecteur jugera. Au reste, l'abbé avait une thèse préconçue et les petites raisons s'entassent sous sa plume à perte de vue. Il ne réussit qu'à être ennuyeux. Cependant, nous prétendons ne pas abandonner la discussion sur ce point avant d'avoir démontré péremptoirement que Flamel s'est occupé d'alchimie. Nous prouverons d'abord l'authenticité du *Livre des figures hiéroglyphiques*. Le médecin Salmon qui a fait la préface de la *Bibliothèque des philosophes chymiques* (à Paris, Laurent d'Houry, 1683) s'est occupé de cette question, aussi ne ferons-nous que le résumer. Premièrement, le nom de Flamel est plusieurs fois cité dans le *Livre des figures hiéroglyphiques* et chaque fois à la première personne du singulier : je ou moy Flamel. Lorsqu'il y est dit qu'il fit la projection en 1382, en présence de Pernelle, celle-ci était encore vivante et lorsqu'il y est dit que ce livre a été achevé en 1413 après la mort de Pernelle, elle était alors décédée, comme il appert de nombreux actes des archives de Saint-Jacques-la-Boucherie. De plus, quel autre que Flamel eut pût donner une explication des figures du Charnier des Innocents, aussi claire au point de vue théologique, aussi bien adaptée au sens alchimique. Enfin nul acte, nul fait, rien, absolument rien ne vient contredire ce qui est narré dans la première partie du *Livre des figures hiéroglyphiques*. Ajoutons pour ne rien laisser derrière nous, que l'abbé Villain trouve étrange que Flamel quitte sa femme et son commerce pour aller en Espagne, et encore, dit-il, si cela eut été fait par dévotion. Mais Flamel pouvait s'absenter fort bien, disons-nous, il laissait derrière lui l'intelligente Pernelle et son premier clerc. Flamel ne travaillait-il pas depuis vingt et un ans à la recherche du grand-œuvre, pour quelques mois de plus que lui dépensait le pèlerinage, il pouvait être négligent jusqu'au bout. Combien d'adeptes, Bernard Trévisan, Denys Zachaire, Cyliani n'ont réussi que lorsqu'ils touchaient déjà à la ruine. Mais non, il n'y avait même pas de négligence de sa part, ses clercs faisaient tout l'ouvrage ; de même dans une fabrique ce n'est pas le patron qui fait le travail, mais bien les ouvriers, le patron n'est que la tête, et il est plus facile de trouver un contremaître que de remplacer à la fois tous les ouvriers. Le patron prend deux ou trois mois de vacances et la fabrique va tout aussi bien. Pernelle ne pouvait-elle suppléer Flamel quelque temps, insister serait oiseux. Enfin pour ce qui est du but même du voyage, nous avons vu combien Flamel était dévot, nous le constaterons encore mieux plus loin, et il avait deux raisons au lieu d'une pour faire soin pèlerinage, d'abord par dévotion, ensuite pour s'aboucher avec quelque rabbin cabaliste.

Tout ceci étant élucidé, nous affirmons que Flamel s'est occupé d'alchimie. Nous ne reparlerons pas ici du *Livre des figures hiéroglyphiques*, la question est jugée, mais il existe et il a existé des manuscrits d'alchimie portant le titre de propriété de Flamel, l'un d'eux est même écrit entièrement de sa main, ainsi qu'il appert par ces mots qui le terminent : « le présent livre est et appartient à Nicolas Flamel, de la paroisse Saint-Jacques de la Boucherie, lequel il l'a escript et relié de sa propre main. » C'est *le livre des Laveures*, catalogué 19978 (supplément français) à la Bibliothèque nationale. C'est le seul manuscrit d'alchimie ayant appartenu à Flamel que nous connaissions actuellement. Divers auteurs du xvie, xviie et xviiie siècle parlent d'autres manuscrits qui ne nous sont point parvenus, détruits ou simplement égarés. Ainsi, Moreri affirme que de son temps il existait un manuscrit d'alchimie d'Almasatus au roi de Carmasan, qui portait le titre de propriété de Flamel. Dom Pernety, auteur des *Fables grecques et égyptiennes*, a eu entre les mains un manuscrit autographe de Flamel. Il nous en a laissé la description. C'était un traité d'alchimie écrit dans les marges assez larges d'un Bréviaire, il est adressé à un des neveux de Flamel et commence ainsi : « Je, Nicolas Flamel, escripvain de Paris, ceste présente année, MCCCCXIII, du règne de nostre prince bénin[12] Charles VI lequel Dieu veuille bénir, etc. » Enfin au

---

12   Bienveillant, bienfaisant (NDE)

XVIIᵉ siècle on voyait dans la bibliothèque de M. de la Richardière un manuscrit de Flamel commençant ainsi : « Je te veux premièrement montrer la nature de tous métaux…. » Et à la même époque François de Gerzan, sieur du Soucy, qui possédait alors le *Livre des Lavûres*, avait encore un autre manuscrit de Flamel.

Il y a un point sur lequel l'abbé, Villain a glissé, c'est sur la question du Livre d'Abraham Juif. Redoutant de trouver la vérité et de détruire ainsi sa propre thèse, il ne s'est livré de ce côté à aucune investigation. Eh bien ! tous allons prouver que ce livre a existé. Dans Borel nous lisons ceci à propos du manuscrit d'Abraham : « Mais j'ay pourtant ouï assurer à un gentilhomme de Rouergue, appelé De Cabrières, se tenant en son château de Cabrières, près de Millau, où je fus exprès pour voir ce manuscrit[13], qu'il avait vu l'original de ce livre, que feu M. le cardinal de Richelieu avait recouvré peu de temps avant sa mort, et qu'un grand seigneur de Rouergue, familier avec ceux qui manièrent ses papiers, l'avait emporté de son cabinet. »

Nous voici donc renseigné, du temps de Louis XIII, le manuscrit d'Abraham existait encore ; il est probable qu'il fut copié plusieurs fois et nous ne désespérons pas de trouver un jour ou l'autre une de ces copies.

---

13   Une copie du livre d'Abraham Juif.

M. Delaulnaye, à l'article Flamel, dans le *Diction-naire biographique* de MM. Michaud, dit en parlant du livre d'Abraham :

« L'auteur de cet article possède une copie très précieuse des figures du couvercle, faite par Flamel lui-même. Elle présente deux carrés parfaits.

« On y remarque des hiéroglyphes égyptiens qui ont quelque rapport avec ceux de la table Isiaque[14], l'emblème des trois mains réunies dont une est noire ; celui du bœuf et de deux anges prosternés devant une croix, et beaucoup de caractères hébraïques, éthiopiens, arabes, grecs, cabalistiques parfaitement exécutés ».

Nous arrêterons ici ce chapitre, ce qu'il nous fallait pour la suite c'était une base solide et inébranlable, car à partir de maintenant les preuves vont s'accumuler tellement qu'il faudrait y mettre de la mauvaise volonté pour ne pas voir la vérité. Nous n'avons discuté si longuement que parce que cela était indispensable, aussi maintenant pouvons-nous continuer, nous avons établi trois points importants : *Le livre d'Abraham Juif* a existé, Flamel s'est occupé d'alchimie, Flamel a écrit des traités hermétiques, notamment *Le livre des figures*.

---

14   Anne de Caylus, Description de la table isiaque.

Chapitre Cinquième

Flamel étant parvenu à préparer la Pierre philosophale, n'avait plus rien à désirer. Nous avons vu qu'il ne cherchait que la science, maintenant il la possède, peu lui importe le reste. Sa passion pour l'alchimie est tellement modérée par sa piété qu'il ne fit que trois fois la transmutation dans sa vie, outre les deux premières qui n'étaient que de simples essais, et encore, l'or obtenu sera employé en fondations pieuses, à peine si Flamel placera des rentes sur quelques maisons pour pouvoir vivre à son aise le restant de ses jours sans être obligé de recourir à de nouvelles transmutations. Car sa fortune avait été fortement ébranlée par ses recherches hermétiques, les

produits nécessaires s'extrayant de l'or et de l'argent[15]
comme d'autre part on perdait toujours en essayant de
régénérer les métaux employés dans les manipulations,
si nous ajoutons à ces dépenses fondamentales l'achat
des manuscrits, des appareils de verre, du combustible,
des fourneaux, etc., on comprendra que de telles dépenses, continuées pendant vingt-quatre ans, avaient dû en-
dommager la fortune de Flamel. Aussi s'étant marié sous
le régime dotal et sa fortune personnelle étant près d'être
épuisée, il s'était adressé à Pernelle, et celle-ci par amour
pour lui, confiante dans le succès de ses recherches, voulut bien mettre ses biens en commun avec ceux de son
mari, mesure dont Flamel seul profitait. Cet acte est daté
du 7 avril 1372 avant Pâques. Il est rapporté tout au
long dans l'*Histoire* de l'abbé Villain, accompagné de
beaucoup d'autres dont le texte nous intéresse généralement fort peu. Il nous suffit de savoir que l'acte a eu
lieu, et le lecteur reste froid devant cette kyrielle d'actes
par-devant notaire, écrits en quelle langue! L'abbé n'en
a pas moins cru devoir en remplir cent pages de petit
texte. C'est en vérité fort réjouissant.

Ce don mutuel fut renouvelé le 10 septembre 1386.
Une clause de ce renouvellement nous intéresse, en ce
qu'elle montre combien était grande la piété des deux
époux : « Et oultre ce, vouldrent, ordenerent et accorde-
rent les dicts mariés, l'un à l'autre, que le dict seurvivant

---

15   *Théories et Symboles des Alchimistes.*

dernier morant[16], puisse donner, aumosner et distribuer, sain ou enferme[17], par son testament ou autrement en son vivant comme il lui plaira, toute la partie et portion dudit premier morant, de tous les dis biens meubles et conquès[18] immeubles à telles personnes, Religieux, Eglises, povres et misérables personnes, conjointement ou en à part, ou convertir à faire célébrer messes, ou autres aumosnes piteables comme bon semblera au dit seurvivant et en sa conscience seulement ». Cet acte fut de nouveau recommencé en 1388 à peu près dans les mêmes termes. Dans ces deux derniers actes, c'est Pernelle qui bénéficie à son tour de la nouvelle fortune de son mari et ce n'était que justice.

Nous avons dit plus haut l'emploi que notre alchimiste fit de l'or philosophal. Un certain nombre de ces fondations peut s'étiqueter de dates certaines, les autres non ; nous nous occuperons d'abord des premières.

Donc en 1389 Flamel fit élever une arcade au Charnier des Saints Innocents. Cette arcade se dressait sur la façade du Charnier, voisine de la rue de la Lingerie, elle était marquée de l'N et de l'F, initiales que nous retrouverons dans toutes les autres fondations. Flamel y avait fait peindre[19] un homme tout noir étendant un bras vers

---

16   Mourant.

17   Malade, du latin *infirmus*.

18   Quelconque. (NDE)

19   Ce devait être alors l'habitude de faire peindre ou sculpter les arcades du Charnier, car Guillebert de Metz en parlant du charnier

une seconde arcade qu'il fit édifier plus tard et charger d'hiéroglyphes

De l'autre main, il tenait un rouleau sur lequel on lisait : « je vois merveille dont moult je m'esbahis. » De plus sur la même arcade en face de l'homme noir, était une plaque dorée sur laquelle on voyait une éclipse du Soleil et de la Lune et une autre planète caractérisée par le signe de Vénus ou plutôt de Mercure. Il y avait d'autres plaques au-dessous de celle-là, une entre autres représentant un écusson partagé en quatre par une croix, celle-ci porte au milieu une couronne d'épines renfermant en son centre un cœur saignant d'où s'élève un roseau. Dans un des quartiers, on voit IEVE en caractères hébraïques au milieu d'une foule de rayons lumineux au-dessous d'un nuage noir ; dans le second quartier une nuée sur laquelle on voit une trompette, une lance, une palme et une couronne ; dans le troisième la terre est chargée d'une ample moisson et le quatrième est occupé par des globes de feu. On trouve cet écusson figuré à la fin de l'Harmonie chimique de Lagneau.

Flamel semble avoir imité cet écusson d'un autre attribué à Saint-Thomas d'Aquin. Quant aux autres plaques, nous ne savons ce qui s'y trouvait représenté ; les alchimistes qui visitaient les différents endroits illustrés par

---

des innocents, dit : « Illec (*Là*) sont peintures notables de la danse macabre et autres, avec escriptures pour esmouvoir les gens à la dévotion. »

Flamel faisaient un peu comme les Anglais de nos jours, chacun emportait un morceau, un souvenir conservé précieusement comme une relique, jusqu'à ce qu'un plus hardi vînt qui enlevât le reste. C'est ainsi que du temps de Borel il existait à cette arcade quatre plaques, trois du temps de Gohorry et plus du tout au xviiie siècle. Nous retrouverons ces mutilations, signes d'un culte excessif, dans toutes les autres fondations de Flamel.

Du temps de l'abbé Villain, on ne voyait plus sur cette arcade que l'N et l'F et ces vers mutilés ou effacés par le temps :

> « *Hélas mourir convient*
> *Sans remède homme et femme.*
> *… nous en souvienne*
> *Hélas mourir convient*
> *Le corps…*
> *Demain peut-être dampnés.*
> *À faute…*
> *Mourir convient*
> *Sans remède homme et femme.* »

Après ces vers on pouvait encore lire ce fragment d'inscription : « …donné pour l'amour de Dieu, l'an 1389. Vueillez prier pour les trespassés en disant Pater noster. Ave. ». En 1761, cette arcade fut reconstruite en partie et ces différentes inscriptions disparurent.

Cette même année 1389 Flamel fit élever à ses frais le petit portail de Saint-Jacques la Boucherie qui était vis-à-vis la rue de Marivaux en face sa propre maison. Il était représenté au-dessus de cette porte avec Pernelle. La sainte Vierge est entre eux deux, l'apôtre Saint-Jacques est figuré à côté de Flamel et Saint- Jean Baptiste à côté de Pernelle. D'un côté se trouvait cette inscription : « Ave maria soit dit à l'entrée » et de l'autre côté : « la Vierge Marie soit cy saluée ».

« Au jambage occidental du portail, dit l'abbé Villain dans son *Essai d'une histoire de la paroisse Saint-Jacques-la-Boucherie,* on voit un petit ange en sculpture qui tient en ses mains un cercle de pierre, Flamel y avait fait enclaver un rond de marbre noir, avec un filet d'or fin en forme de croix, que les personnes pieuses baisoient en entrant dans l'église ». « Je tiens ce petit fait, ajoute-t-il en note, d'un ecclésiastique mort fort âgé né sur la paroisse, qui avoit baisé cette croix étant tout jeune ». Ce fut donc dans la seconde moitié du dix-septième siècle qu'un larron ou plus probablement un alchimiste enleva le marbre et le filet d'or, on voyait distinctement la trace des coups de ciseau du temps de l'abbé Villain. Au-dessous de l'ange subsistaient ces mots : « *Memento pretiosæ crucis Domini nostri* ».

À propos du portail de l'église Saint-Jacques, il faut remarquer que Flamel, dans le *Livre des figures hiéroglyphiques,* dit y être figuré en pèlerin, tous les autres auteurs, Gohorry, Borel, Sauval, Pernety, qui ont vu le monu-

Église Saint-Jacques-la-Boucherie

ment, confirment la chose, seul l'abbé Villain prétend
que Flamel n'a jamais été nulle part représenté en pèlerin, mais ce pauvre abbé n'a vraiment pas de chance dans

ses affirmations intéressées, en tête de son ouvrage, page
i, s'étale resplendissante une reproduction de la partie supérieure du petit portail de Saint-Jacques-la-Boucherie,
et s'il est assez difficile de dire d'après cette gravure si
Flamel est ou n'est pas vêtu en pèlerin, en revanche il
est facile de voir de chaque côté de la Vierge qui occupe
le milieu de la figure, une coquille de Saint-Jacques, de
plus l'apôtre Saint-Jacques qui est à côté de Flamel tient
en mains le bâton de pèlerin orné du bourdon.

Entre cette année 1389 et la mort de Pernelle, notre
alchimiste fit encore travailler aux églises Saint-Cosme
et Saint-Martin des Champs ; mais nous n'avons que des
détails assez vagues sur ces fondations. Nous savons seulement d'après Borel que selon son habitude Flamel s'y
était fait représenter en pèlerin.

Mais pour en revenir à Saint-Jacques-la-Boucherie,
outre le portail de la rue de Marivaux qu'il avait fait élever à ses frais, Flamel fit d'autres dons à cette église de
son vivant.

Dans les comptes de la fabrique on trouve mentionné : « ... un tableau d'imagerie d'une piété de N.-S.
que l'on met aux festes sur le grand autel, que donna
Nicolas Flamel ». Plus loin il est parlé d'un diptyque.
« Item un tableau ployans à une passion d'un costé, et
à une résurrection d'autre costé, et l'a donné de nouvel
Nicolas Flamel, et estoit sur le grant autel [20]. »

---

20   *Inventaires des objets précieux de l'Église*, de 1404 à 1412.

La chapelle de Saint-Clément, une des latérales de Saint-Jacques, fut particulièrement favorisée. Faut-il en chercher la raison dans ce que les échoppes de Flamel étaient adossées aux murs de cette chapelle. Il y avait fait d'assez fortes dépenses, il l'avait fait orner de boiseries, de sculptures ; tous les accessoires étaient dus à ses libéralités, aussi cette chapelle était considérée comme fondation de Flamel, ainsi qu'il appert des comptes de la fabrique de Saint-Jacques (1436-1432). « Au coffre de la chapelle Saint-Clyment à Nicolas Flamel on trouve un calixte avec la patène d'argent doré, etc. Item un vestement de drap de soye noire doublé d'azur où est écrit N. F. en la chasuble, etc. » Cette chapelle, avec tous les accessoires du culte qui l'accompagnaient, doit être mise entièrement au compte de Flamel ; une autre preuve c'est que les desservants de l'église finissaient par regarder cette chapelle comme celle de N. Flamel, ainsi on lit au même compte : « À Jehan François la somme de 8 sols qui due lui était pour avoir fait refaire un quartier du couvelesque qui couvre la table de la chapelle de feu Nicolas Flamel.

Notre écrivain vivait assez tranquille avec sa femme, répandant des bienfaits autour de lui ; adepte, il possédait la science dans son intégrité, n'ayant plus rien à désirer de ce côté, il ne pensait qu'à son salut, il soulageait les pauvres et enrichissait les églises : austère pratiquant, il s'était fait recevoir dans plusieurs confréries (neuf en tout) dont les noms se retrouvent dans son testament.

Nous avons vu plus haut que par un acte de 1388 un don mutuel mettait en commun les biens des deux époux, le dernier survivant profiterait de la fortune totale. Cet acte fut ratifié le samedi août 1396, ce qui indigna fort Isabelle la sœur de Pernelle et ses fils ; si Flamel succombait le premier, il n'y aurait eu que demi-mal, mais malheureusement Pernelle plus âgée que Flamel (elle devait avoir alors près de soixante-quinze ans) semblait devoir trépasser la première. Aussi sœur, beau-frère et neveux firent-ils tout ce qu'ils purent pour circonvenir Pernelle. Ils y réussirent, car elle fit un testament le 25 du mois d'août 1397 où elle les avantage. Cependant, il avait fallu que l'obsession fût forte pour l'amener là, aussi ses parents désormais tranquilles s'étant éloignés, Pernelle fit aussitôt un retour sur elle-même, elle eut honte de sa faiblesse et par un nouvel acte du 4 septembre 1397 elle fit par-devant notaire et dans les formes requises un codicille où elle institue Flamel au nombre de ses exécuteurs testamentaires, ne donne à sa sœur Isabelle que 300 livres tournois une fois payées et remet le reste comme il est mentionné dans l'acte de 1396.

Pernelle avait réellement senti sa fin prochaine, car elle mourut sept jours après, le 11 septembre 1397. Flamel la fit enterrer aux Innocents, sur sa tombe il éleva plus tard (en 1407) une pyramide où se lisaient les vers suivants :

Lés povres âmes trépassées
Qui de leurs oirs sont oubliées
Requièrent des passans par cy
Qu'ils prient Dieu que mercy
Veuille avoir d'elles et leur fasse
Pardon et à vous doint sa grâce
L'église et les lieux de céans
Sont à Paris bien moult séans
Car toute povre créature
Y est reçeue à sépulture
Et qui bien y sera, soit mis
En Paradis, et ses amis.

Qui ceans vient dévotement
Tous les lundis ou autrement
Et de son pouvoir y fait dons
Indulgences et pardons
Ecrits céans en plusieurs tables
Moult nécessaires et profitables.

Nul ne sçait que tels pardons vaillent
Qui durent quand d'autres bons faillent.
De mon paradis pour mes bons amis
Descendu jadis pour estre en croix mis.

Dans le testament de Pernelle que nous a conservé l'abbé Villain, il y a des choses bien intéressantes que nous donnerons à titre de curiosité. Elle règle elle-même les détails de la cérémonie funéraire : Item : elle voult et ordena son luminaire estre fait le jour de son obsèque de trente-deux livres de cire. Item : elle voult et ordena quatre livres seize sols parisis estre donnés et convertis au prouffit du disner qui sera fait le jour de son obsèque… Item : elle voult et ordena le jour de son trespassement la somme de huit livres tournois estre donnée et aumosnée pour Dieu à plusieurs povres gens par les dits exécuteurs. » Ayant distribué par son testament certaines sommes aux églises, confréries et pauvres, elle passe à ses parents, amis et connaissances. Nous y trouvons une feue Pernelle Dehanigues avec son mari feu Clément Dehanigues (les parents de son premier mari) pour lesquels elle ordonne de dire douze messes de requiem. Nous y voyons aussi un Guillaume de Laigny son cousin et feu Raoul Lethas, son second mari.

Voici encore une clause curieuse : Item voult et ordena un voyage estre fait une fois par un homme, pèlerin de pié, à Nostre-Dame de Boulogne-sur-la-mer ; auquel pèlerin pour ce faire, elle voult quatre livres tournois estre baillées et payées par les dicts exécuteurs, lequel pèlerin fera chanter et dire en l'église Nostre-Dame au dict lieu deux messes, c'est assavoir, l'une du Saint-Esperit, et l'autre de Nostre- Dame, et offrira un cierge de cire pesant douze livres et si payera pour chacune messe deux sols parisis. »

Elle passe ensuite aux commensaux des églises qu'elle fréquentait. « Item. A Martin qui a accoustumé de donner l'eaue benoiste en l'église Saint-Jacques, cinq sols tournois.» Aux cinq pauvres qui demandent l'aumône au portail de Saint-Jacques, elle laisse à chacun deux sols, six deniers tournois; puis elle distribue sa garde-robe et ce n'est pas la partie la moins intéressante. Ainsi, elle laisse à Jehannette la Paquote: «Une cote vermeille de marbre et un chapperon, que elle mestoit chascun jour... Item. Cinq siens coursés fourrés de blanc à cinq povres personnes... Item à Jehannette Lalarge, son meilleur chapperon... Item à Jehannette la Flaminge, chandellière de cire, vendent à Saint-Jacques, son autre chapperon de violet... À Mengin jeune clerc, son varlet, elle donne une livre, cinq sols tournois, et à Gautier son autre varlet une livre tournois.» Son codicille change peu de chose au testament, elle y donne 300 livres à sa sœur Isabelle, le reste à Flamel, sauf les quelques dépenses mentionnées dans son testament, soit 4 livres, 80 sols parisis, et 351 livres, 297 sols, 98 deniers tournois.

Chapitre Sixième

La mort de Pernelle avait profondément touché Flamel, avoir espéré, souffert, prié ensemble, toujours parfaitement unis pendant près d'un demi-siècle. La douleur était d'autant plus poignante que les deux époux s'aimaient plutôt cérébralement. Flamel avait passé vingt-quatre ans de sa vie dans des recherches continuelles, lisant, déchiffrant, commentant, l'esprit toujours en mouvement, n'ayant qu'un sujet de pensée, absorbé incessamment par ses calculs ou ses hypothèses, puis quand il croyait avoir trouvé quelque chose, il essayait et c'étaient alors les nuits et les jours passés dans des manipulations souvent dangereuses, demandant un contrôle incessant, quand la fatigue l'abattait sa femme prenait sa place. Dans de pareilles conditions, il y avait peu de place pour Eros, les hommes d'étude font généralement de médiocres mâles. Aussi l'amour des deux époux était-il d'autant plus épuré et tendait vers l'union parfaite de Platon.

Il est à croire que Flamel aurait suivi de près Pernelle, si de nombreuses affaires ne l'avaient empêché de se livrer tout entier à son chagrin. Perrier et Isabelle, son beau-frère et sa belle-sœur qui ne soupçonnaient point l'existence du codicille, furent fort étonnés d'apprendre que le testament était annulé spécialement à leur endroit par le dit codicille et qu'ils devraient se contenter d'une somme de trois cents livres une fois payée. Aussitôt leur mécontentement éclata, il n'y eut misères qu'ils n'essayèrent de susciter, grâce à eux il fut impossible de se reconnaître dans l'inventaire des biens de la défunte, ils firent même, avant la fin du dit inventaire, saisir la succession par un huissier du parlement. Dignes parents! il y avait à peine huit jours que Pernelle était morte! Si l'on juge de leur caractère par ce dernier trait, on comprend parfaitement que Flamel, malgré la douceur de son caractère, ait été entraîné à toute une série de procès. Les exécuteurs testamentaires et Flamel portèrent le différend au Parlement, au Châtelet, aux Requêtes du palais. L'abbé Villain donne de grands détails sur cette affaire, on pourra s'y reporter. Le procès intenté par Perrier à son beau-frère n'était pas pour les rapprocher, aussi malgré que le curé de Saint-Jacques, Hervey Roussel les ait réconciliés, les bonnes paroles prononcées de part et d'autre furent plus sur les lèvres que dans le cœur. Isabelle et Perrier délaissèrent leur beau-frère, et il n'est plus question d'eux dans le reste de cette histoire. Un seul de leurs trois fils fut distingué par Flamel qui lui laissa un manuscrit d'alchimie de sa propre main, don précieux entre tous.

Quoi qu'il en soit, ces procès, ces chicanes avaient opéré une heureuse révulsion, en ce sens que Flamel fut détourné de son chagrin. L'angoisse des premiers moments se changea en un souvenir vivace, mélange de regrets et d'espérance. Ce qu'il dit de la chère défunte dans le livre des figures lui sera comme éloge funèbre : « … mais la bonté du très grand Dieu ne m'avoit pas comblé de cette seule bénédiction que de me donner une femme chaste et sage, elle estoit d'abondant non seulement capable de raison, mais aussi de parfaire ce qui estoit raisonnable, et plus discrette et secrette que le commun des autres femmes. Surtout elle estoit fort dévotieuse… »

Resté seul, Flamel ne va plus avoir que deux mobiles, assurer son salut par de bonnes œuvres, faire passer sa mémoire à la postérité par des monuments ou des ouvrages symboliques pouvant en même temps guider les alchimistes ses frères dans leurs recherches. Dès l'année 1399, nous le voyons, ainsi qu'il le dit expressément, travailler à son *Livre des figures hiéroglyphiques;* il était alors tranquille, les affaires relatives à la succession de

Pernelle étaient terminées; mais en cette année 1399, il n'écrivit que la première partie de ce traité, ce qui semble peu, mais il faut remarquer que les huit pages in quarto d'imprimerie du livre des figures qui correspondent à cette première partie et qui demanderaient à peine quelques heures pour être copiées en écriture cursive, demandaient plusieurs semaines, plusieurs mois mêmes alors qu'on écrivait en gothique. Si nous prenons pour exemple le *Livre des Lavûres*, écrit de la propre main de Flamel, on verra que toutes les lettres sont à peu près d'égale dimension, de plus de nombreuses lettres ornées se trouvent au commencement des chapitres, un manuscrit de ce temps représentait une somme énorme de travail, quand il était écrit en lettres moulées. Enfin, c'était là un ouvrage original et non une copie. Aussi Flamel peut fort bien n'avoir écrit que cette première partie en l'an 1399. Il fut forcé d'abandonner son travail momentanément, par suite de diverses circonstances qui nous sont inconnues.

Peu de temps après la mort de Pernelle, le Roy de France ayant besoin d'argent, leva un impôt extraordinaire, tous les bourgeois de Paris furent taxés selon leur importance. Flamel, qui passait déjà pour fort riche, fut déclaré taillable pour la somme de cent francs, ce qui est considérable pour l'époque. Néanmoins, il s'exécuta de bonne grâce. Deux ou trois ans après, les finances étant de nouveau très bas, on eut recours au même système et Flamel fut taxé de 30 francs. Mais cette fois-ci il commença à s'inquiéter et tout porte à croire qu'il réclama, ayant tout intérêt à se donner pour plus pauvre qu'il était réellement. Il se réclama de sa fonction de libraire juré de l'Université, prétendant qu'en cette qualité il n'était pas taillable. Ce débat dut faire quelque bruit, car le roi Charles VI voulant savoir à quoi s'en tenir à propos de ces bruits qui couraient sur Flamel, chargea Cramoisi, maître des requêtes, de s'enquérir à ce sujet. L'écrivain après avoir bien pesé Cramoisi, l'ayant trouvé discret, lui avoua qu'il possédait le secret de la pierre philosophale, et pour acheter son silence, il lui donna un matras plein de poudre de projection... Cramoisi fit sans doute un rapport favorable, car depuis, Flamel ne fut jamais inquiété. On conserva longtemps le matras comme une relique dans la famille du maître des requêtes, rapporte Borel, de qui nous tenons cette histoire. Cette visite eut lieu environ l'an 1400.

Certain d'être désormais tranquille Flamel put se livrer tout entier à ses bonnes œuvres et surtout à son amour des constructions pieuses. En 1402, comme on reconstruisait le portail de Sainte-Geneviève des Ardents, Flamel voulut y contribuer pour une large part. Ce portail, dit l'abbé Villain, fut construit des aumônes de plusieurs ainsi qu'on le voit par une inscription placée au-dessus ; c'est très bien, seulement nous ferons observer que pour avoir obtenu la permission d'y faire sculpter son image et diverses inscriptions de sa façon, il fallait que notre alchimiste eût fait plus que les autres donateurs. Le portrait de Flamel qui est placé en tête de l'ouvrage est fait d'après de celui qui se trouve dans l'histoire critique de Nicolas Flamel et de Pernelle sa femme, et qui avait été gravé justement d'après la statue de Flamel placée dans une niche à côté du portail de Sainte-Geneviève des Ardents. Il y est représenté vêtu d'une robe longue à capuchon, au côté pendent les insignes de son art. Quant aux inscriptions, nous laisserons sur ce point la parole à l'abbé Villain : « Nous avons vu, dit-il dans son *Essai sur Saint-Jacques la Boucherie*, au portail de Sainte-Geneviève des Ardents, une croix gravée sur une pierre auprès de laquelle on lisoit ces paroles qu'il paraît que Flamel y avait fait écrire :

> « *De Dieu nostre Sauveur*
> *Et de sa digne croix*
> *Soit mémoire au pécheur*
> *Chacun jour plusieurs fois* ».

Nous n'avons pas de documents précis permettant d'établir ce que fit Flamel dans les années qui suivirent ; en 1406 seulement nous le voyons acheter une maison rue de Montmorency, plus deux écuries et un terrain vague qui séparait ces acquisitions d'une maison sise au coin de la rue. Ce quartier faisait alors partie des faubourgs de Paris et venait d'être compris dans la nouvelle enceinte. Comme il voulait faire bâtir sur ce terrain, il dut s'entendre avec les moines de Saint-Martin, seigneurs de cette partie du faubourg, ceux-ci ne firent au reste aucune difficulté, Flamel leur ayant assuré qu'il voulait bâtir une sorte d'asile pour de pauvres ménages. Ils spécifièrent seulement dans l'acte qu'on ne bâtirait ni église ni chapelle, les bons moines redoutaient la concurrence pour leur église Saint-Martin des Champs. Flamel, en reconnaissance de leurs bons procédés, fait à leur prieuré une rente perpétuelle de 10 sols parisis, plus une somme de 10 autres sols à percevoir chaque fois qu'il y aurait un changement de prieur. Libre alors, notre alchimiste fit construire une maison qui fut appelée la maison du Grand Pignon. Elle avait deux étages et un grenier, et portait au fronton du rez-de-chaussée une série de sculptures figurant onze personnages. On y voyait de plus le portrait de Flamel gravé au-dessus du linteau de l'une des portes. Cette maison existait encore en 1852, c'était la troisième à droite en entrant par la rue Saint-Martin. M. Auguste Bernard nous en laisse la description ; elle occupait le 51 de la rue de Montmorency, le pignon détruit au xviiie siècle avait été remplacé par un troisième étage. Au-dessous des figures dont nous parlions tout à l'heure, M. Bernard a relevé, l'inscription suivante, en caractères gothiques de 6 centimètres de haut, et 10 pour les majuscules : « Nous hommes et femmes laboureurs demourans au porche de ceste maison qui fut faite en l'an de grâce mil quatre cens et sept, sommes tenus chascun en droit, soy dire tous les jours une pate nostre et un ave maria, en priant Dieu que sa grâce face pardon aus povres pécheurs trespassez. Amen. »

La maison de la rue de Montmorency commencée en
1406 avait été achevée en 1407. Un petit fait mentionné
par l'abbé Villain montrera combien Flamel savait se
faire aimer de tous ceux qui l'approchaient. Ses ouvriers
avaient bâti un des murs de telle sorte qu'il avait perdu
sur la plus grande longueur de sa maison plus d'un demi-pied de large. Il s'en aperçut trop tard, néanmoins il
en fit part à son voisin, un nommé Pasquier, gendre d'un
certain Barthelemy Crocquemeure, qui avait déjà eu affaire avec Flamel et s'en était bien trouvé ; donc le dit
Pasquier abonda dans son sens, et lui fit don d'une cour
attenante aux terrains de Flamel : « Pour la bonne amour
et affection qu'il avait au dit Nicolas, en recompensa-
tion de ce qu'en faisant par le dit Nicolas ses édifices,
il a perdu par simplesse plus d'un demi-pied de sa terre
en aucune partie du long de sadite cour. » Et il laisse à
Flamel le loisir de faire un mur « tel et fait en tel temps
qu'il le jugera à propos » ; de plus, il lui laisse le pouvoir
d'ouvrir des fenêtres pour avoir vue chez lui Pasquier, si
bon lui semble.

Cependant, Flamel, qui avait acheté une maison et
en avait fait construire une autre, voulut encore s'étendre
de ce côté. Il acheta donc celle qui faisait le coin de la
rue de Montmorency et de la rue Saint- Martin, et qui
s'appelait la maison de la belle Image. Il n'y eut pas de
difficultés, car il offrait le double de ce que tout autre eut
donné raisonnablement, elle lui fut donc adjugée au prix
de 155 livres tournois. Il dut de plus acquitter les droits

seigneuriaux, soit 4 livres, 11 sols et 6 deniers, et à racheter les rentes qui existaient sur la maison, pour le prix de 50 écus d'or et quelques deniers, plus pour la vente des rentes 56 sols parisis.

La maison qui suivait celle-ci, dans la rue Saint-Martin, dite maison de la Herse, et qui était fort petite, lui fut donnée en pur don par Margot la Quesnel sa servante qui en était propriétaire. Flamel ne s'arrêta pas en si beau chemin et il acheta encore la maison du Puits, qui tombait en ruines, sise dans la rue de Montmorency en face la maison du Pigeon, il l'eut pour environ 40 livres et une transposition de rente. Pour se faire une idée juste sur ces acquisitions et sur la valeur de l'argent à cette époque, on considérera que sa maison du coin de la rue Saint-Martin et la maison de la Herse ayant été reconstruites au XVIe siècle, il en coûta 23 200 francs à la fabrique de Saint-Jacques, ce qui correspondrait de nos jours à plus de cent mille francs et encore ne s'agit-il ici que de la moitié à peine des terrains qu'il possédait rue de Montmorency et rue Saint-Martin.

Flamel fit relever la maison du Puits et ces différents locaux furent attribués par lui à des bonnes œuvres de la manière suivante. Le rez-de-chaussée et le premier étage de ces maisons étaient loués et l'argent de ces loyers servait à subvenir aux besoins de ménages pauvres logés gratuitement au deuxième étage et dans les galetas.

Ces œuvres de charité ne détournaient point Flamel de ses constructions pieuses. En cette même année 1407, nous le voyons faire travailler au charnier des Innocents et à Saint-Nicolas des Champs. Il avait déjà fait construire une arcade aux Saints-Innocents en 1389, celle qu'il fit construire en 1407 est de beaucoup la plus intéressante des deux, car elle contenait ces fameuses figures hiéroglyphiques au double sens théologique et hermétique.

Nous allons en donner la description en l'accompagnant du sens hermétique selon le *Livre des figures hiéroglyphiques;* comme nous ne pouvons entrer ici dans de grands détails explicatifs, nous prions le lecteur de se reporter pour de plus amples renseignements à notre ouvrage : *Théories et symboles des Alchimistes.* Sur le côté de l'arche on voyait d'abord une écritoire enfermée dans une petite niche, c'est le symbole de l'œuf philosophique enfermé dans l'Athanor. Les autres figures sont groupées, on remarque à gauche Saint-Paul, vêtu d'une robe citrine brodée d'or, tenant un glaive nu à la main ; à ses pieds est un homme à genoux (Flamel lui-même), vêtu d'une robe orangée, blanche et noire.

C'est l'indication des couleurs que prend la matière philosophique quand elle passe du noir au blanc. À côté, c'est-à-dire au milieu de l'arche sur champ vert trois ressuscitants, deux hommes et une femme entièrement blancs, deux anges au-dessus d'eux, et dominant les anges la figure du Sauveur venant juger le monde, vêtu d'une robe citrine et blanche. Le champ vert indique qu'entre la couleur noire et la blanche, parait quelque temps la verdeur. Les trois ressuscités sont le corps, l'esprit et l'âme de la Pierre au blanc. Le Seigneur c'est la pierre blanche ou petit élixir.

À droite, faisant pendant à saint Paul, on voit saint Pierre vêtu d'une robe rouge, ayant une clef dans la dextre, à ses pieds. une femme (Pernelle) vêtue d'une robe orangée. Tout ceci a trait à la couleur rouge, qui apparaît à la fin du grand-œuvre.

Charnier des Innocents.

On trouve donc indiquées en procédant de gauche à droite, les trois couleurs principales de l'œuvre : noir, blanc, rouge. Quant aux figures de la rangée inférieure, les deux dragons, l'un ailé, l'autre sans ailes, de couleur jaune, bleu et noir, représentent les deux principes de la

Pierre, le fixe et le volatil, le soufre et le mercure. Michel Maïer parlant de Flamel dans son ouvrage : *Symbola auræ mensæ*, regarde comme symboles particuliers à Flamel la sphère surmontée de la croix et les deux serpents ou dragons enlacés, l'un ailé, l'autre sans ailes ; on retrouve en effet ces deux symboles dans la plupart de ses hiéroglyphes.

Ici se place une explication réjouissante de ce bon abbé Villain, naturellement il nie que ces figures aient un sens hermétique quelconque, et il y voit les quatre animaux symboliques des évangélistes, les deux figures de droite sont l'ange et le lion et les deux à gauche l'aigle et le taureau. Que le lion ait des ailes et que l'ange n'en ait pas, passe encore, mais avouons qu'un taureau sans cornes et qu'un aigle pourvu d'oreilles, de pieds fourchus et d'une queue de serpent, sont des animaux bien curieux. Que l'abbé Villain leur refuse un sens hermétique, c'est son droit ; de notre côté, nous refusons énergiquement de voir un taureau et un aigle là où il n'y a que deux dragons.

À côté des dragons, on voit un homme et une femme vêtus d'une robe orange sur champ d'azur (Flamel et Pernelle en leur vieillesse), c'est la conjonction du fixe et du volatil. Viennent ensuite les trois ressuscités que nous avons déjà expliqués. À droite de ceux-ci deux anges de couleur orangée sur fond violet, c'est l'indication des couleurs qui apparaissent avec la couleur finale, le Rouge. Enfin à l'extrémité sur champ violet, un homme écarlate terrassé par un lion ailé rouge, couleurs finales. Quant aux trois cartouches situées au-dessous, c'est le massacre des Innocents, symbole de la préparation de la matière du grand-œuvre.

Flamel fit en même temps élever au cimetière des Innocents en face de cette arcade un mausolée pour Pernelle; nous avons donné quelques détails sur ce tombeau en un précédent chapitre.

D'après Salomon, Flamel fit en cette année 1407 commencer certains travaux dans la rue du cimetière de Saint-Nicolas des Champs près de la rue Saint- Martin. On y voyait deux bâtiments en pierre de taille, celui de gauche était resté inachevé: « Il y a, dit Salomon, quantité de figures gravées dans les pierres avec un N et une F gothiques de chaque costés. » Ces bâtiments étaient, comme ceux de la rue de Montmorency, destinés à servir de maisons hospitalières. Sur l'un des bâtiments il y avait: fait en 1407, et sur l'autre fait en 1410. Ils étaient situés face à face de part et d'autre de la rue.

En l'année 1411, la chapelle de l'hôpital Saint-Gervais qui tombait en ruines fut entièrement reconstruite surtout grâce aux libéralités de Flamel. La façade et le portail de la nouvelle chapelle étaient couverts de figures et de légendes à la manière ordinaire de Flamel, il s'y était fait représenter lui-même à genoux, comme au portail de Sainte-Geneviève des Ardents. Cette chapelle, située rue de la Tixeranderie, fut comme toutes les autres fondations de Flamel, un lieu de pèlerinage pour les alchimistes jusque vers le milieu du XVIIIᵉ siècle où elle fut convertie en maison et les ornements de la façade détruits.

Pour en finir avec les propriétés de Flamel disons encore qu'il paraît avoir possédé, outre les immeubles précités, deux autres maisons : la maison à l'image Nostre-Dame rue au Maire, et la maison à l'image Sainte-Catherine, rue du Temple. Enfin, Sauval prétend que de son temps on voyait encore quatre gros chenets ou barreaux de fer dressés proche le portail de l'hôpital Saint-Gervais et rue de la Féronnerie. Les alchimistes prétendaient qu'ils avaient été mis là par Flamel et ils y voyaient de grands mystères.

À partir de 1411, il semble que Flamel se soit reposé ; tous ces bâtiments qu'il élevait lui causaient trop de soucis, lui prenaient trop de temps, visiter les chantiers, établir des devis, surveiller les travaux, c'était beaucoup de fatigues pour un vieillard ; car Flamel était très âgé, en le supposant né en 1330, il avait alors quatre-vingt-un ans. Il est représenté deux fois dans les figures de la seconde arche qu'il avait fait bâtir aux Innocents. Dans la partie supérieure, il est avec Pernelle représenté en sa jeunesse et au-dessous il est figuré tel qu'il était en 1407. C'était alors un vieillard cassé par l'âge. Détail particulier, Flamel dans sa vieillesse portait la barbe. Sentant chaque jour ses forces s'épuiser, il se renferme chez lui, vieillard songeur, aimant à revivre le passé, l'arrivée à Paris, l'apprentissage chez un écrivain, le mariage avec la sage et douce Pernelle, puis la découverte du livre d'Abraham, les recherches laborieuses, les travaux dans la cave transformée en laboratoire, le pèlerinage à Saint-Jacques-de-Compostelle, maître Canches, la première transmutation, le pieux emploi des nouvelles richesses. Ou bien encore il relisait les écrits des vieux philosophes, démêlant la vérité sous leurs énigmes. Tranquille, n'ayant plus d'occupations absorbantes, il se mit à écrire quelques traités d'alchimie, en 1413 il termine le *Livre des figures hiéroglyphiques* qu'il avait commencé en 1399, et l'année suivante il adresse à son neveu le *Psautier chimique*. Quant aux autres ouvrages qui lui sont attribués, ils ne nous ont pas semblé assez authentiques pour nous en occuper ici.

Flamel sentait avec joie sa fin approcher, ce n'était pour lui qu'une délivrance, il allait renaître sur un plan plus élevé à une vie meilleure, aussi avait-il fait non seulement son testament, mais encore on avait préparé sous ses yeux sa pierre tumulaire qu'il conservait dans sa maison ; il recommandait par une clause expresse de son testament de mettre cette pierre au-dessus du lieu où il serait enterré dans l'église de sa paroisse. Son testament est daté du dimanche 22 novembre 1416. Ayant terminé ses préparatifs pour le grand voyage, Flamel attendit dans la prière, la volonté de Dieu. Il mourut enfin le 22 mars avant Pâques 1417. Il avait alors plus de quatre-vingts ans. Il fut enterré dans l'église Saint-Jacques de la Boucherie, vers l'extrémité de la nef ; la pierre qu'il avait fait préparer fut scellée au pilier le plus proche du caveau où il reposait.

Flamel mort, son histoire n'est pas terminée et l'on peut dire qu'elle s'étend jusqu'à nos jours. L'analyse de son testament, les aventures de ses descendants, les fouilles faites dans sa maison, l'histoire de ses ouvrages, les opinions contradictoires des littérateurs et des savants qui se sont occupés de lui, tout cela ne forme-t-il pas comme l'âme même de l'histoire de Flamel ; aussi nous étendrons-nous longuement sur ces diverses questions.

Chapitre Septième

Pierre tumulaire de Flamel — Analyse du testament de Flamel —
Opinions de divers auteurs sur la fortune de Flamel — L'abbé Villain
et Pernety — Naudé — La Croix du Maine — Hoeffer — Le roman
de l'abbé de Villars — Figuier, Chevreul — J. B. Dumas — Notre
opinion

L'épitaphe, que Flamel avait faite d'avance et qui fut placée sur son tombeau, s'y voyait encore au XVIIIᵉ siècle. En 1797, quand Saint-Jacques fut démoli, cette pierre tumulaire fut vendue ou enlevée, on ne sait par qui, et pendant quelques années on perd sa trace. Elle finit par venir s'échouer chez un fruitier-herboriste de la rue des Arcis qui s'en servait au recto pour les infimes usages de son métier on y hachait les herbes cuites. M. Guérard, marchand d'histoire naturelle la tira de cette basse officine, espérant la vendre un bon prix ; ne trouvant pas d'amateur, il finit par la céder à M. Signol, marchand de curiosités; celui-ci après six ans d'attente, fut à son tour bien heureux de la repasser enfin pour 120 francs au musée de Cluny où elle est encore actuellement. Ces diverses pérégrinations sont racontées par M. de Lavillegille, qui fit à son sujet une communication à la Société des Antiquaires de France.

Cette pierre a 58 centimètres de hauteur, 45 de largeur et 4 d'épaisseur. Elle est divisée en trois compartiments horizontaux. À la partie supérieure sur fond noir se détachent différentes figures. Au milieu le Seigneur faisant le geste de bénir de la main droite, dans la gauche il porte le globe surmonté de la croix. À sa droite Saint-Pierre tenant une clef et un livre fermé; entre le Seigneur et le Saint on voit le Soleil. À la gauche de Jésus est saint Paul avec l'épée et entre eux deux la lune. Le compartiment médian est tout entier occupé par l'inscription suivante : « Feu Nicolas Flamel, jadis escrivain, a laissié par son testament à l'œuvre de ceste Eglise certaines rentes et maisons qu'il avoit acquestées et achetées à son vivant, pour faire certain service divin et distribucions d'argent chacun an par aumosne touchant les quinze vins, l'ostel Dieu et aultres églises et hospitaux de Paris. Soit prié pour les trespassés ». Enfin dans le compartiment inférieur on voit un cadavre à demi-rongé par les vers, audessus une banderole portant ces mots : « *Domine Deus, in tua misericordia speravi* ». Enfin au dessous du cadavre : « De terre suis venus et en terre retourne. L'âme rens à toi J. H. V. qui les péchiez pardonne ». Dans ce J. H. V.

il faut voir paraît-il une abréviation pour *Jésus Hominum Ultor* (Jésus rédempteur des hommes), cependant nous avions d'abord cru y retrouver l'I. E. V. hébraïque. Nous avons maintenant à examiner le testament de Flamel. Cette pièce historique est conservée à la Bibliothèque nationale (manuscrits, fonds latin) sous la cote 9.164. Le testament comprend quatre feuilles de parchemin de 60 centimètres environ de longueur sur 40 centimètres de large, et couvertes d'un seul côté d'une écriture cursive serrée. La première feuille est noircie, tachée d'humidité, par endroits l'écriture a disparu. Or, voici d'après l'abbé Villain qui reproduit le testament *in extenso* dans son Essai sur *Saint-Jacques la Boucherie* voici le commencement de cette pièce curieuse à tous points de vue : « À tous ceux qui ces lettres verront, Tanneguy du Chastel, chevalier, conseiller, chambellan du roy nostre sire, garde de la prévosté de Paris. Salut. Sçavoir faisons que par devant Hugues de la Barre et Jehan de la Noë, clercs notaires du roy nostre sire, de par luy establis en son Chastelet de Paris, fust personnellement establi, Nicolas Flamel, escrivain, sain de corps et pensée, bien parlant et de bon et vray entendement, si comme il disoit et comme de prime face apparoist, attendant et sagement considérant qu'il n'est chose plus certaine que la mort, ne chose moins certaine que l'heure d'icelle et pour ce que en la fin de ses jours, il ne feist et soit trouvés importunités surce, non voulant de ce siècle, trespasser en l'autre, intestat, pensant aux choses célestes, et pendant que sens et raison gouvernent sa pensée, désirant pourvoir, au salut et remède de son âme, fit, ordonna et avisa son testament ou ordonnance de dernière voulenté au nom de la glorieuse Trinité du Père, du Fils et du Saint- Esprit, etc. ». Après ces préliminaires commencent les clauses. Il ordonne d'abord que son corps soit enterré à Saint-Jacques la Boucherie, devant le Crucifix et Notre-Dame et pour ce il acquitte un droit de quatorze francs. Il laisse quarante livres parisis pour payer ceux de ses fournisseurs qu'il n'aurait pas eu le temps de voir avant sa mort.

S'ensuivent les articles qui ont trait à son enterrement ils n'ont rien d'intéressant, les plus remarquables sont ceux où il fait des aumônes aux pauvres, aux écholiers, aux moines mendiants ou des donations aux églises et aux chapelles. Ainsi, « Item laisse en aumosne et pour prier Dieu pour lui, à ses hostes qui demeureront lors en ses maisons outre la porte Saint-Martin et devant l'église Saint-Jacques, à chacun vingt sols parisis à leur rabattre sous leurs louages ». Dans l'article suivant, il ordonne à ses exécuteurs d'acheter 300 aulnes de bon drap brun, au prix de douze sols l'aulne, et d'en distribuer à cent ménages pauvres, chacun trois aulnes. « Du dit drap, ils seront tenus de faire chacun en droit soy, cotte, chapperon et chausses pour les porter tant comme ils pourront durer sans les vendre ni convertir ailleurs sur peine de restituer la valeur du drap. »

Poursuivant ses dons en nature, Flamel ordonne un peu plus loin d'acheter deux cents aulnes de drap bleu brun du prix et valeur de 24 sols parisis l'aulne, à distribuer à raison de quatre aulnes par tête aux personnes dont l'énumération suit : seize religieux de différents ordres, dix-sept pauvres prêtres et dix-sept « pauvres escholiers, maistres ès arts et aultres, prins et choisis en collèges et en dehors ». Le tout se fera sous le contrôle du prieur des Mathurins lequel recevra pour sa peine un marc d'argent.

Il laisse à neuf confréries dont il était membre : confrérie de Sainte-Anne, Saint-Jacques, Saint-Christophe, Sainte-Catherine du Val des Escoliers, Notre-Dame de Boulogne-sur-Mer, Notre-Dame la Septembreche, Notre-Dame de Mézoche, Saint-Michel de la Chapelle du Palais et Saint-Jean l'évangéliste ; ainsi qu'aux églises suivantes : Saint-Jacques de la Boucherie, Saint-Jacques du Haut-Pas, Notre-Dame de Pontoise, Sainte-Geneviève, Notre-Dame d' Haubervilliers, aux églises paroissiales de Nanterre, Rueil, la Villette, Issy, à toutes sus-nommées Églises ou Confréries, chacune un calice marqué de l'N et de F, avec couvercle, le tout en fin argent doré, dans un couvercle de cuir 16 liards parisis, plus une torche de 20 sols parisis,

Margot la Quesnel et sa fille Colette ne sont pas oubliées, elles ont d'abord à choisir des objets à leur convenance pour la somme de 20 livres parisis, de plus Flamel leur laisse, leur vie durant, une rente annuelle de

40 livres parisis, plus la moitié du vin, des rentes et arré-
rages qui lui resteront dûs après sa mort à Nanterre plus
le prix de la location de sa maison du Puits en la rue de
Montmorency et divers autres dons.

Il laisse 40 livres parisis en argent pour ceux de ses
parents qui se présenteraient pour hériter.

Il laisse une forte somme pour payer des messes bas-
ses de requiem quotidiennes pendant sept ans et quarante jours, pour le repos de son âme. Le vendredi de
chaque semaine la messe basse sera remplacée par une
grand messe chantée, officiée par le curé, diacre, sous-
diacre, quatre chapelains et deux clercs.

Il institue de même douze messes par an à perpétuité
pour le repos de ses père et mère.

Enfin, il remet la moitié de leurs dettes à ses débi-
teurs de Nanterre, Rueil, Issy, la Villette, Saint-Ladre.

Il lègue 10 sols parisis de rente perpétuelle à l'Hô-
tel-Dieu, Hôpital du Saint-Esprit, Hôpital Saint-Gervais, aux Quinze-Vingts, aux Églises Saint-Julien,
Sainte-Catherine, du Sépulcre, Saint-Jacques de l'Hôpital, Église de la Trinité en la rue Saint-Denis, Sainte-
Geneviève des Ardents, Saint-Cosme et Saint- Damien,
Église des Mathorins, Saint-Nicolas-des- Champs et enfin Saint-Merry.

Tous ces différents legs exécutés, Saint-Jacques de la
Boucherie hérite de ce qui restera de l'argent comptant,
des maisons de Flamel et de ses rentes sur diverses maisons à Paris ou aux environs.

Tel est résumé, ce fameux testament dont les uns comme Salomon ou Borel ont vanté la magnificence à l'excès, tandis que d'autres comme l'abbé Villain n'ont voulu y voir que l'expression d'une très médiocre fortune. En faisant grosso modo le calcul, nous avons trouvé que les divers legs du testament représentaient une valeur de 2 200 livres parisis, ce qui correspondrait aujourd'hui à environ 120 000 francs, et encore nous ne comptons les rentes perpétuelles ou viagères que pour une année, enfin ces 120 000 francs représentent simplement les dons particuliers, car on l'a vu tout le reste de la fortune de Flamel revenait à Saint- Jacques de la Boucherie, soit une dizaine de maisons dans Paris et de nombreuses propriétés ou rentes dans les villages mentionnés dans son testament. Pour ce qui est du revenu de Flamel, il possédait en 1410, 450 livres de revenu perpétuel et 200 livres de revenu viager, ce qui correspondrait aujourd'hui à environ 50 000 francs de rente viagère.

De plus, outre ce qu'il laissait à sa mort, il avait dépensé pas mal pendant sa vie, il avait élevé deux arcades et un mausolée au cimetière des Innocents, deux maisons rue du Cimetière Saint-Nicolas, deux maisons rue de Montmorency, il avait contribué à la reconstruction de la chapelle de l'hôpital Saint-Gervais, à ses frais encore avait été élevé le portail Sainte- Geneviève des Ardents, celui de Saint-Jacques la Boucherie et la chapelle Saint-Clément dans cette même église, enfin citons encore Saint-Côme et Saint-Martin au nombre de ses fondations ou dépenses avant sa mort, et encore nous ne connaissons pas tout.

Non! quoi que l'on fasse, les chiffres sont là, les faits sont éloquents, on ne peut nier que Flamel ait été fort riche pour son temps. Quant à rechercher l'origine de sa fortune, c'est une tout autre question. Pour les alchimistes, Pernety en tête, l'ardent adversaire de l'abbé Villain, il n'y a qu'une hypothèse possible, c'est que Flamel a été un adepte, il a possédé le secret de la pierre philosophale, et ils accumulent preuve sur preuve : Flamel vit dans une position médiocre, quand après 1382, date de sa réussite, nous le voyons faire construire des maisons, des chapelles, répandre de larges aumônes autour de lui, se conduire enfin comme un riche bourgeois. Flamel s'est occupé d'alchimie, disent-ils, né pauvre il est mort riche ; donc il a trouvé le secret de la pierre philosophale, au reste lui-même l'affirme. Et dans leur enthousiasme, les alchimistes grossissent les dons et les richesses de Flamel, Gohorry, la Croix du Maire parlent des immenses et superbes bâtiments qu'il a fait élever. Borel affirme qu'à sa mort il possédait plus d'un million. À ce discours l'abbé Villain bondit, lui l'homme méticuleux par excellence, qui ne ferait pas grâce au lecteur d'un denier, ni d'un liard parisis, lui qui nous force à prendre connaissance d'actes plus solennels et plus ennuyeux les uns que les autres, il bondit ! D'abord, Flamel, pour l'abbé, n'est pas si riche qu'on l'a dit, il y avait bien d'autres bourgeois de son temps qui pouvaient marcher de pair avec lui, et la fortune de Flamel pouvait fort bien s'acquérir par le simple travail assidu, surtout dans le commerce des manuscrits alors très prisés. Il récuse toute raison hermétique ; intransigeant, il proclame que Flamel ne s'est jamais occupé d'alchimie, qu'il n'a jamais lu, à plus forte raison jamais écrit un livre hermétique, que ses symboles et hiéroglyphes n'ont aucun sens caché, par conséquent que tout ce qu'on lui attribue dans ce sens est faux ou supposé, tout, tout ! On pense combien il devait s'accorder avec Pernety tout aussi intransigeant que lui, mais présentant l'excès contraire ; ils avaient raison tous deux, il aurait suffi de s'entendre et de prendre une opinion mixte, mais leur querelle ne fit que s'envenimer et ils moururent tous deux dans l'impénitence finale, chacun soutenant mordicus qu'il avait raison en tout et sur tout. Cependant, il faut avouer en toute sincérité que la raison était plutôt du côté de Pernety.

Quelques mots sur cette querelle. L'abbé Villain venait de faire paraître son *Essai sur Saint-Jacques de la Boucherie*, il y parlait de Flamel comme d'un simple écrivain, refusant de voir en lui un alchimiste.

La chose déplut probablement Pernety qui fit paraître dans l'année littéraire de Fréron (1758, tome VII), une lettre où il rétablit les faits. L'abbé Villain qui préparait une histoire critique de Nicolas Flamel, ne tint aucun compte de la lettre de Pernety, dans ce nouvel ouvrage il ne laisse passer aucune occasion de dauber sur les alchimistes et en particulier sur Pernety qu'il affecte de désigner sous le nom de : critique de l'année littéraire. Aussi quand cet ouvrage parut, il souleva combien de colères ! Pernety, visé plus directement répondit dans l'année littéraire (1762, tome III), par une longue lettre où les preuves historiques en faveur de Flamel s'allient agréablement à des épigrammes finement ironiques. L'abbé Villain crut devoir répondre à son tour par une lettre lourde et pâteuse d'une lecture indigeste. Pernety dédaigna ce trait sans force et la querelle en resta là.

Pernety regardait donc Flamel comme un adepte et Villain le considérait comme un bourgeois parvenu à l'aisance par des moyens honnêtes. Une troisième version, celle de J. Hornius et de Naudé, d'après ceux-ci Flamel se serait enrichi aux dépens des Juifs qui au xive et au xve siècle ont été plusieurs fois proscrits, mais Naudé a une opinion peu grave, surtout quand on le voit faire vivre Flamel en 1232 ! La Croix du Maine professe la même opinion : « La source de sa richesse est telle, dit-il, quand les Juifs furent chassés, lui qui avait leurs papiers, loin de réclamer à leurs créanciers ou de les dénoncer au roi, partageait avec eux pour leur donner acquit ». Hoeffer a suivi la Croix du Maine, il a seulement enjolivé la chose et c'est gravement qu'il nous affirme que : « ... la véritable source des richesses de Flamel s'explique par les rapports fréquents et intimes qu'entretenait cet alchimiste avec les Juifs si persécutés au moyen âge et qui étaient tour à tour exilés et rappelés selon le bon plaisir des rois. Dépositaire de la fortune de ces malheureux dont la plupart mouraient dans l'exil, l'écrivain de Saint-Jacques la Boucherie n'avait pas besoin de souffler le feu du grand-œuvre pour s'enrichir. L'histoire du livre d'or du Juif Abraham pourrait bien n'être autre chose qu'une allégorie par laquelle Nicolas Flamel rappelle lui-même l'origine de sa fortune.» Cette assertion qui résume élégamment Hornius, Naudé et Lacroix du Maine, cette assertion ne tient pas une minute devant la critique; d'abord, Hoeffer ne donne aucune preuve positive de ce qu'il avance.

Dans toute l'histoire de Flamel au contraire nous ne trouvons qu'un Juif, maître Canches, de plus l'abbé Villain, à l'affût de tout ce qui pourrait détruire la renommée hermétique de Flamel, n'eût pas manqué de s'emparer de cette raison, il n'eût pas manqué de révéler le moindre fait de ce genre. Bien au contraire, Villain repousse avec indignation les insinuations de Naudé, contre Flamel, affirmant qu'il n'eût jamais été capable de la moindre escroquerie même envers des Juifs; ce que nous connaissons du caractère de Flamel étant parfaitement concordant, nous nous rangeons du côté de l'abbé Villain. Mais ce ne sont là que des preuves morales, voici des preuves matérielles. En consultant l'histoire on trouve que durant la vie de Flamel les Juifs furent chassés trois fois de France, une première fois en 1346, notre héros était encore un adolescent, la deuxième en 1354, il venait à peine de s'établir et nous ne voyons pas qu'il fasse fortune à cette époque. Enfin la troisième fois, en

1393, mais alors Flamel était déjà riche, il avait commencé ses fondations et n'avait que faire de l'argent juif. Du reste, l'ordonnance d'exil de 1393 enjoignait expressément aux créanciers des Juifs de payer leurs dettes.

Flamel fut-il leur banquier? C'est là une pure hypothèse qui n'a rien, absolument rien pour l'appuyer, aussi devons-nous l'abandonner. Quelques autres ont eu sur Flamel une opinion éclectique, ainsi que le rapporte Borel. « Quelques-uns attribuaient, dit-il, la richesse de Flamel aux Juifs, aux Anglais, aux Hôpitaux, aux Templiers. » Le vague ici démontre amplement le vide de l'accusation.

Une quatrième opinion sur l'origine de la fortune de Flamel est celle de l'abbé de Montfaucon de Villars. Elle ne peut être prise au sérieux, nous la donnons seulement à cause de sa singularité. L'abbé de Villars bâtit un véritable roman sur Flamel, d'abord notre écrivain devient pour lui un petit frater en chirurgie, il voyage en France, en Italie, et c'est à Rome qu'il achète le livre d'Abraham Juif. Il n'y comprend rien, naturellement, mais un rabbin nommé Nazar lui révèle que les Juifs proscrits de France plusieurs fois, et sachant qu'ils rentreraient tôt ou tard, avaient chaque fois enfoui leurs richesses dans les caves de diverses maisons, à Paris, à Lyon, etc. Or, toutes les maisons à cette époque avaient des enseignes, ainsi nous avons vu en la possession de Flamel les maisons du Lys, de la Herse, du Puits.

Les Juifs pour retrouver leurs richesses avaient fait un livre où se trouvaient représentées les enseignes des maisons qui contenaient leurs trésors. Flamel n'eut donc qu'à acheter les maisons dont les enseignes se trouvaient reproduites dans son livre, ce qui lui permit de devenir riche en peu de temps.

Tout le reste de la narration de l'abbé de Villars est de cette force, il est impossible d'y trouver un seul détail authentique, tout est inventé. Nous ne nous attarderons pas à combattre ce système, nous ferons simplement remarquer que les édits qui expulsaient les Juifs ne les dépossédaient pas, ils pouvaient emporter leurs marchandises, leur mobilier, et que dans ces conditions la première chose qu'ils emballaient, c'étaient leurs espèces monnayées.

La cinquième opinion est celle d'auteurs du siècle, ils sont en général fort circonspects, et on ne sait trop ce qu'ils pensent réellement. Ainsi, M. Figuier dit à la fin des quelques pages qu'il consacre à Flamel : « Tout cela prouve que si Nicolas Flamel ne s'est pas occupé d'alchimie, il a cependant fait tout son possible pour le laisser croire au vulgaire. »

Comme cela tout le monde est content, vous croyez à l'alchimie ? c'est parfait, Flamel était un adepte, vous n'y croyez pas ? je suis encore de votre avis Flamel fut un farceur. De cette façon, M. Figuier ne se compromet jamais, c'est encore lui qui fait cette déclaration ni chair ni poisson : « En résumé, si on ne peut admettre que

Nicolas Flamel ait été alchimiste, au moins faut-il avouer
qu'aucun autre personnage de son temps n'a rassemblé
un plus grand nombre de preuves pour faire croire à la
réalité de ce fait et pour implanter cette opinion dans les
crédules esprits de ses contemporains. »

M. Chevreul s'est aussi mêlé de juger Flamel :
« Nicolas Flamel a réellement existé comme le prouvent
des monuments qu'il a élevés, ainsi que des donations
ou des fondations qu'il a faites et dont la réalité est at-
testée par des pièces authentiques qui se trouvaient encore au XVIIIᵉ siècle dans les archives de Saint-Jacques
de Boucherie. Eh bien, lorsqu'on lit les deux volumes
publiés par l'abbé Villain sur cette église et sur la vie de
Nicolas Flamel, il n'est guère possible à notre avis de ne
pas admettre que ce personnage n'a jamais eu les grandes
richesses qu'on lui a attribuées, qu'il ne s'est point occupé d'alchimie, que les sculptures et les vitraux qu'il a
fait exécuter n'ont aucun sens hermétique, qu'en consé-
quence les écrits qui portent son nom ont été écrits longtemps après sa mort. » Il est malheureux pour Chevreul
qu'il se soit borné à la lecture de l'abbé Villain, il s'est par
suite trouvé dans la situation d'un libre penseur qui ju-
gerait le catholicisme à travers les libelles d'un protestant
ou réciproquement. Nous n'insisterons pas.

Une autre opinion, réellement étonnante par sa par-
tialité est celle du chimiste Dumas. Voici la chose : « On
trouve ensuite Nicolas Flamel, qui s'est acquis une certaine célébrité. On prétend qu'il trouva la pierre philoso-

phale, en s'aidant des recherches d'un Juif dont il aurait eu le bonheur de posséder les manuscrits. Plusieurs fois il aurait mis en pratique ses procédés alchimiques, il aurait acquis ainsi une fortune colossale qu'il aurait employée à bâtir une quantité de maisons et même d'églises. Enfin, on ne sait trop pourquoi il aurait fait semblant de mourir ainsi que sa femme et ils se seraient réfugiés en pays lointains, devenus immortels et possesseurs d'inépuisables trésors. Un livre *ex-professo* a été consacré à l'examen de ces faits et l'on y voit que Nicolas Flamel est mort dans un état de fortune très médiocre, sans avoir jamais joui de l'éclat qui lui a été attribué. C'était simplement un écrivain public assez vaniteux, qui prêtait à la petite semaine, de manière que dans son quartier il avait des intérêts sur un nombre infini de petites maisons, et d'après l'histoire de sa vie on voit qu'il n'a jamais été chimiste[21]. »

Il est difficile d'entasser autant d'inexactitudes en si peu de mots ; il est évident que Dumas s'est contenté d'aperçus très vagues sur Flamel et qu'il n'a jamais étudié sérieusement l'histoire de notre alchimiste, il en est résulté l'étonnant jugement que l'on vient de lire. Dumas était de ces chimistes, dont la race n'est pas perdue, qui jugent de haut l'alchimie sans en connaître le premier mot. Heureusement que leurs jugements ne sont sans appel !

---

21 J. B. Dumas : *Leçons sur la philosophie chimique*, 1834.

Quant à notre opinion personnelle la voici : Flamel s'est occupé d'alchimie une grande partie de sa vie et il y a trouvé la source de sa fortune, qu'il ait été souffleur ou adepte. Supposons le premier cas. Dans les *Théories* et *Symboles*, nous avons exposé que le grand-œuvre des alchimistes vulgaires se faisait avec un mélange de sels d'or et d'argent. Or, qu'arrivait-il par la projection de cette prétendue pierre philosophale sur un métal fondu, par exemple de l'étain. Les sels d'or et d'argent facilement réductibles donnaient de l'or et de l'argent métalliques qui s'alliaient à l'étain fondu. On pouvait obtenir dans ces conditions un alliage ayant l'aspect, l'éclat, la couleur, le poids et le son de l'or. Or, à cette époque, les procédés analytiques étaient assez primitifs, un pareil alliage pouvait passer pour de l'or aux yeux des orfèvres. Bernard le Trévisan rapporte l'histoire d'un alchimiste qui vendait le produit de son travail aux orfèvres et le Trévisan nous affirme que ce n'était là qu'un produit sophistique. Alors, dira-t-on, Flamel est assimilable dans ces conditions à un faux monnayeur ? Non, car Flamel était de bonne foi, il croyait réellement faire de l'or, les orfèvres qui lui achetaient, prenaient son métal pour de l'or, il n'y avait pas de tromperie de sa part, et il persévérait dans son erreur par suite de l'ignorance même des orfèvres. On peut ainsi expliquer toute l'histoire de Flamel, mais nous avouons nous-mêmes que cette explication est répréhensible en plus d'un point ; et comme la transmutation des métaux n'a rien d'impossible, que les dernières découvertes de la chimie semblent plutôt en établir la possibilité, pour toutes ses raisons nous préférons regarder Flamel comme ayant été sinon adepte, au moins philosophe hermétique.

Chapitre Huitième

La légende de Flamel — Histoire de Paul Lucas — Flamel n'est pas mort — Ses apparitions au xviie et au xixe siècle — Histoire de Dubois, le dernier descendant de Flamel — Disparition des diverses fondations de Flamel — Destruction de Saint Jacques la Boucherie — Les fouilles dans la maison de la rue des Écrivains — Le père Pacifique

Flamel mort, l'imagination populaire fit peu à peu passer son histoire à l'état de légende, on le représenta comme immensément riche, il aurait bâti entièrement huit églises et quatorze hôpitaux, il aurait été seigneur de sept paroisses des environs de Paris, en mourant il aurait laissé 4 000 écus d'or comme argent comptant, enfin ses biens immeubles, ses donations, ses constructions auraient représenté plusieurs millions de livres. Les faits furent tellement défigurés et sa légende prit de telles proportions, qu'au commencement du xviie siècle, quand Paul Lucas revenant d'Orient affirma que Flamel vivait encore, il y

eut nombre d'enthousiastes qui le crurent. Le récit de Paul
Lucas est trop savoureux pour ne pas être rapporté. Lucas
était à Brousse lorsqu'il fit la connaissance d'un derviche
fort savant : « À le voir, dit-il, on ne lui aurait pas donné
plus de trente ans ; mais à ses discours, il paraissoit avoir
déjà vécu plus d'un siècle. On se le seroit même encore
plus persuadé par le récit qu'il faisoit de plusieurs longs
voyages qu'il disoit avoir faits. Il me conta qu'ils étoient
sept amis qui couroient ainsi le monde, tous sept dans
l'intention de devenir plus parfaits ; qu'en se quittant, ils
se donnoient rendez-vous dans quelque ville pour vingt
ans après ; et que les premiers arrivés ne manquoient pas
d'y attendre les autres. Cela me fit croire que cette fois
Berusse [22] avait été choisi pour le rendez-vous de ces sept
savans. Ils y étaient déjà quatre, et si unis entre eux, qu'on
voyoit bien que ce n'étoit pas le hasard, mais une longue
connoissance qui les y avait rassemblés. Dans un long
entretien avec un homme d'esprit, on a occasion de parler de plusieurs curiosités ; la religion et la nature furent
tour à tour le sujet de nos discours. Nous tombâmes enfin sur la chymie, l'alchymie et la Cabale, et je lui dis que
tout cela et surtout les idées sur la pierre philosophale,
passaient dans l'esprit de bien des gens pour des sciences
fort chimériques. » S'ensuit un discours du derviche sur
la beauté de la science et le bonheur du sage : « Je l'arrêtai

---

22   Brousse.

en cet endroit : avec toutes ces belles maximes, lui dis-je,
le Sage meurt comme les autres hommes.

« Que m'importe donc d'avoir été sage ou fou toute
ma vie, si la sagesse n'a aucun privilège au-dessus de la
folie et que l'un n'empêche pas de mourir plutôt que
l'autre ? Ah, reprit-il, je vois bien que vous n'avez connu
aucun Philosophe, tel que je vous le peins, meurt à vérité
(car la mort est une chose attachée à la nature et dont il
n'est pas de l'ordre de s'exempter), mais qu'il sait aller au
terme, c'est-à-dire, jusqu'au tems qui a été marqué par
le créateur. L'on a observé que ce temps est de mille ans
et que c'est seulement jusque-là que vit le Sage ». Nous
passons une longue tirade pour arriver à ce qui nous intéresse plus directement : « Je lui parlai enfin, dit Lucas,
du célèbre Flamel, et lui dis que malgré la Pierre philosophale il étoit mort dans toutes les formes. À ce propos
il se mit à rire de ma simplicité et comme j'avois déjà
commencé presque à le croire sur tout le reste, j'étois fort
étonné de le voir douter de ce que je venois d'avancer.
S'étant bientôt apperceu de ma surprise, il me demanda
de nouveau, sur le même ton, si j'étois assez bon pour
croire que Flamel fut en effet mort ? et sur ce que je tar-
dois à répondre : non, non, reprit-il, vous vous trompez,
Flamel et sa femme ne savent pas encore ce que c'est que
la mort. Il n'y a pas trois ans que je les ai laissés l'un et
l'autre aux Indes, et c'est un de mes plus fidèles amis.
Il alloit même me marquer le tems où ils avoient fait
connoissance, mais il se retint, en me disant qu'il alloit

m'apprendre son histoire que sans doute on ne savoit pas dans mon pays. Nos sages, continua-t-il, quoique rares dans le monde, se rencontrent également dans toutes les Sectes et elles ont en cela peu de supériorité les unes sur les autres. Du temps de Flamel en France, il y en avoit un de la religion juive, qui pendant les premiers tems de sa vie s'étoit attaché à ne point perdre de vue les descendants de ses frères. Et sachant que la plupart s'étoient réfugiés en France, le désir de les voir, l'obligea à nous quitter pour en faire le voyage. Nous fîmes tout ce que nous pûmes pour l'en détourner, mais son envie extrême le fit partir, avec promesse cependant de nous rejoindre le plutôt qu'il seroit possible. Arrivé à Paris, il trouva que les descendans de son père y étoient morts chez les Juifs en grande estime. Il vit entr'autres un rabin de sa race qui paroissoit vouloir devenir savant, c'est-à-dire, qui cherchoit la véritable philosophie et travailloit au grand œuvre. Notre ami ne dédaignant point de se faire connaître à ses petits neveux, lia avec lui une amitié étroite et lui donna beaucoup d'éclaircissement. Mais comme la matière est longue à faire, il se contenta de mettre par écrit toute la Science de l'œuvre, et pour lui prouver qu'il ne lui avoit point écrit de faussetés, il fit en sa présence une projection de trente ocques (une ocque pèse trois livres) de métal, qu'il convertit en or le plus pur. Sur quoi le rabin, plein d'admiration pour notre frère, fit tous ses efforts pour le retenir auprès de lui. Ce fut en vain ; il ne voulut pas nous manquer de parole. Enfin le Juif, ne pouvant rien obtenir, changea tout à coup son amitié en une haine mortelle; et l'avarice lui fit prendre le dessein d'éteindre une des lumières de l'univers. Mais voulant dissimuler, il pria ce Sage de vouloir bien rester encore quelques jours chez lui; et pendant ce temps-là, par une trahison aussi noire qu'inouïe, il le tua et lui prit tous ses papiers. Mais les actions atroces ne peuvent rester longtemps impunies: le Juif découvert et arrêté, tant pour ce crime que pour d'autres dont on le convainquit, fut brûlé tout vif; la persécution des Juifs commença peu de temps après et vous savez qu'ils furent chassés du Royaume. Flamel plus raisonnable que la pluspart des autres parisiens, n'avoit pas fait difficulté de s'allier avec quelques autres Juifs, il passoit même chez eux pour une personne d'une honnêteté et d'une probité reconnue. Cela fut cause qu'un marchand juif prit le dessein de lui confier ses registres et tous ses papiers, persuadé qu'il n'en useroit point mal et qu'il voudrait bien les sauver de l'incendie commun. Parmi ces papiers se trouvoient ceux du rabbin qui avait été brûlé et les livres de notre sage. Le marchand, sans doute occupé de son commerce, n'y avoit pas encore fait attention; mais Flamel qui les examina de plus près y remarquant des figures de fournaux, d'alambics et d'autres vases semblables, et jugeant avec raison que ce pouvoit être le secret du grand Œuvre, crut devoir pas s'en tenir là. Comme ces livres étaient hébreux, il s'en fit traduire le premier feuillet; et cela seul l'ayant confirmé dans sa pensée, pour user de prudence et n'être pas découvert, voici la façon dont il s'y prit. Il se rendit en Espagne, et comme il s'y trouvait des Juifs presque partout dans chaque endroit où il passait, il en priait quelqu'un de lui traduire une page de son livre, et après l'avoir traduit tout entier par ce moyen il reprit le chemin de Paris. En revenant en France, il s'était fait un ami fidèle qu'il y menoit avec lui, pour travailler à l'œuvre, et à qui il avait dessein de découvrir son dessein dans la suite, mais une maladie le lui enleva. Ainsi Flamel de retour chez lui, résolut de travailler avec sa femme, ils réussirent, et s'étant acquis des richesses immenses, ils firent bâtir plusieurs édifices publics et enrichirent nombre de personnes La renommée est souvent une chose fort incommode, mais un sage sait par sa prudence se tirer de tous les embarras. Flamel vit bien qu'on finirait par l'arrêter, dès qu'il seroit soupçonné d'avoir la pierre philosophale, et il avait peu d'apparence qu'on fût encore longtemps sans lui attribuer cette science, après l'éclat qu'avaient produit ses largesses. Ainsi en véritable philosophe, qui se soucie très peu de vivre dans l'esprit du genre humain, il trouva le moyen de fuir la persécution en faisant publier sa mort et celle de sa femme.

Par ses conseils, elle feignit une maladie qui eut son cours, et lorsqu'on l'a dit morte, elle étoit dans la Suisse où elle avoit eu l'ordre de l'attendre. On enterra en sa place un morceau de bois et des habits, et pour ne point manquer au cérémonial ce fut dans l'une des églises qu'elle avoit fait bâtir. Ensuite il eut recours au même

stratagème, et comme tout se fait pour de l'argent, on
sent qu'il n'eut point de peine à gagner les médecins et
les gens d'église. Il laissa un testament dans lequel il re-
commanda qu'on l'enterrât avec sa femme et qu'on élevât
une pyramide sur leur sépulture; et pendant que ce vrai
sage était en chemin pour aller rejoindre sa femme un
second morceau de bois fut enterré en sa place. Depuis
ce temps, l'un et l'autre ont mené une vie très philosophique, tantôt dans un pays, tantôt dans l'autre. Telle
est la véritable histoire de Nicolas Flamel et non pas ce
que vous en croyez, ni ce que l'on en pense sottement
à Paris où très peu de gens ont connaissance de la vraie
sagesse. »

Telle est cette fameuse histoire rapportée par Lucas,
beaucoup d'auteurs en parlent et peu la donnent, c'est
pourquoi nous l'avions copiée presque entièrement à titre
de curiosité. Cette narration merveilleuse qui contredit
l'histoire en plusieurs points, doit être rangée à côté de
la légende fantastique que nous donne l'abbé de Villars.
Il est cependant peu probable que Paul Lucas l'ait inven-
tée de toutes pièces; à la suite de son premier voyage en
Orient, il avait raconté tant de merveilles qu'on l'avait
accusé de posséder une somme extraordinaire de naïve
crédulité, d'où indignation de Paul Lucas; or ce récit se
trouve dans la relation de son second voyage, il ne l'y eut
pas inséré s'il n'avait été certain de trouver des croyants,
l'histoire n'en est pas moins bizarre. Lucas en esquisse la
critique :

« Cette histoire, dit-il, est on ne sauroit plus singulière et me surprit d'autant plus, qu'elle m'étoit faite par un turc que je croyois n'avoir jamais mis le pied en France, et je passe même plusieurs autres choses encore moins croyables qu'il me raconte du ton le plus affirmatif.» Le derviche était-il lui-même de bonne foi ou bien a-t-il voulu se moquer de Lucas? et dans ce dernier cas pourquoi? et comment connaissait-il quelques traits de l'histoire de Flamel? Le récit de Lucas souleva bien des railleries, mais d'autre part il trouva des fanatiques; la pierre philosophale dissoute dans du vin blanc ne constitue-t-elle pas un puissant élixir de vie, une véritable panacée universelle, quoi d'étonnant alors que Flamel et Pernelle aient vécu plusieurs siècles! Cette association des sept philosophes dont parle le derviche, qu'est-ce sinon un collège de Rose-Croix, cette mystérieuse société hermétique. Cohausen dans son « *Hermippus redivivus*» joignit, le récit de Lucas *in extenso* aux différentes preuves qu'il donne de l'existence de la médecine universelle ou élixir de longue vie. Ce qu'il y a de plus curieux dans cette légende de la longévité philosophale de Flamel c'est que l'abbé Villain lui-même, rapporte, à titre de légende c'est vrai, le fait suivant : « Flamel il y a un nombre d'années fut rendre visite à M. Desalleurs, alors ambassadeur de France à la Porte. Et ce qui doit plus intéresser puisque le fait est presque présent, l'année dernière 1761 Flamel, Pernelle et un fils qu'ils ont eu dans les Indes, ont paru à Paris à l'Opéra. Un seigneur, instruit du jour où ces hommes merveilleux devaient se montrer, fut au spectacle, accompagné d'un peintre qui devait dessiner les trois prodiges». Cette légende s'est perpétuée en plein xixᵉ siècle. Au mois de mai 1819, un inconnu louait une boutique à Paris, rue de Cléry, numéro 22. Bientôt des affiches apprirent au public que Nicolas Flamel était encore vivant, dans des expériences quotidiennes l'adepte multipliait les lingots d'or ; bientôt il allait ouvrir un cours de philosophie hermétique ; pour avoir le droit d'y assister, il suffisait de prendre une simple inscription de 300 000 francs. Aucun disciple n'ayant répondu à l'appel, l'adepte disparut de la circulation et depuis oncques [23] n'a-t-on entendu parler de lui. Avec ce dernier épisode finit réellement la légende personnelle de Flamel, il nous reste à dire quelques mots de ses descendants et de ses fondations.

Flamel avait un frère (peut-être un cousin) nommé Jean Flamel, et qui était libraire écrivain du duc de Bourgogne, c'est Flamel le jeune dont parle Guillebert de Metz, il mourut avant son aîné. Flamel n'avait pas d'enfants, ses uniques descendants étaient ses neveux, les trois fils d'Isabelle Perrier, la sœur de Pernelle. Il en avait distingué un parmi eux, nous ne savons au juste lequel, et avait écrit à son intention un traité hermétique. Borel dit que c'était Nicolas ou Colin Perrier. À la mort de Flamel, ce Perrier, sachant que son oncle soufflait s'em-

---

23   Onques = jamais (NDE)

para de ses papiers et de quelques matras renfermant de la poudre de projection. Il en usa discrètement ou même n'osa jamais s'en servir, car on n'entendit jamais parler de lui. Papiers et poudre passèrent à ses descendants jusqu'à un nommé Du Parrin, médecin à Coulommiers, lequel à son lit de mort en fit cadeau à son neveu ou filleul Dubois. Celui-ci ne fut pas si prudent que ses aïeux ; possédant une certaine provision de pierre philosophale, il n'aspira qu'à étonner ses contemporains. Par ses prouesses, il attira l'attention de la Cour Royale, et dut travailler devant le roi Louis XIII. Le biographe de J. B. Morin nous a conservé incidemment la suite de cette histoire : « L'autre personne avec laquelle il (Morin) a souvent pris plaisir de s'entretenir est M. de Chavigny, qui avoit esté présent à l'espreuve que du Bois fit de sa poudre de projection, à la veüe et soubs la main du Roy, et qui fut chargé de cet or nouvellement fabriqué pour en faire faire l'examen par l'essayeur de la monnoye, qui après la dernière espreuve, le déclara plus fin que celui dont on se sert ordinairement, et ce qui le surprit, quoy qu'il soit aisé d'en donner la raison, fut qu'il le trouva plus pesant après l'opération qu'il ne l'estoit auparavant. Or, comme cette histoire, l'une des plus curieuses sans doute de celles qui ont entretenu le siècle présent, a eu des faces bien différentes, j'ay creu qu'il ne seroit pas tout à faict hors de propos de luy donner icy son véritable jour et de dire à l'honneur de la chymie et par amour de la vérité qu'il n'y eut aucune fourbe à l'espreuve que du

Bois fit de sa poudre ; le Creuset fut pris sans affectation chez un marchand, M. de Chavigny ramassa dans les bandoüillères des gardes des balles de plomb qui furent fondues et sa Majesté mit elle-même la poudre qui luy fut donnée en très petite quantité dans un peu de cire, après l'avoir entortillée dans du papier pour la tenir plus facilement ; mais d'où vient donc le traitement que l'on fit à Dubois, c'est un ressort caché de la Providence, ce que j'en ay apris, est que l'on voulut tirer son secret et soit qu'il s'oppiniastra à ne point le donner, ou qu'il ne fût pas l'autheur de la poudre, comme il y en a bien de l'apparence, on se lassa de ses remises, on le fit arrester à Ruel, où il alloit souvent conférer avec son Eminence et sous prétexte de la seureté de sa personne, on luy donna le bois de Vicennes[24] pour logement et des gardes du corps pour luy tenir compagnie. Le régal luy sembla bien fascheux et lui parut d'autant plus rude qu'il n'avoit point cherché, au contraire qu'il avoit fuy autant qu'il avait peu, de se faire cognoistre à la Cour. La nécessité seule et fatale de conserver la liberté qu'il s'estoit procurée par la sortie de son couvent, luy ayant fait consentir de se déclarer au père Joseph, qui après un examen fort exact et chez les religieuses du Calvaire, le déféra à son Eminence, ainsi donc au lieu de profiter de ce traictement, il en devint moins traictable, et enfin s'échappa par ses paroles en de si grandes extrémités qu'on ne vit

---

24   Le donjon de Vincennes situé au milieu du bois.

plus rien à faire que de luy donner des commissaires ; comme sa vie n'avoit pas esté régulière, quoy qu'il eust faict profession dans un ordre très régulier et très sainct, il ne leur fut pas difficile de trouver des sujets d'exercer la rigueur de la justice souveraine, dont ils estoient dépositaires. Dubois fut condammé à mort pour divers crimes et la souffrit par les mains du bourreau. Mais tant s'en faut que l'on ait faict le procès à son secret, que le cardinal de Richelieu, qui n'estoit point une duppe, l'a depuis faict rechercher dans un laboratoire, qu'il fit construire à ce dessein dans le château de Ruel, et dans lequel on a travaillé plusieurs années sur les papiers qui furent saisis à Paris, dans le temps que l'on arrêta ce malheureux à Ruel[25].» Il est bien évident que le malheureux fut pendu non pour s'être défroqué, mais pour n'avoir pas voulu livrer son secret au cupide cardinal. Ainsi finit la postérité de Flamel.

Les diverses fondations de Flamel disparurent à leur tour l'une après l'autre. Du temps de l'abbé Villain, les sculptures de Saint-Côme et de Saint-Damien n'existaient plus depuis longtemps, les figures hiéroglyphiques du Charnier des Innocents venaient d'être recouvertes par une nouvelle construction, puis en 1789 plusieurs des églises dotées par lui furent désaffectées ou détruites. En 1790, Saint-Jacques la Boucherie fut déclarée

---

25   *La vie de maistre Jean-Baptiste Morin*, docteur en médecine et professeur royal aux mathématiques à Paris 1660, in-i8°, pages 41-44.

monument national, et plus tard, l'église Saint-Jacques fut louée à un industriel moyennant une somme de 10 600 francs en numéraire, puis sa mise en vente ayant été décidée, elle fut criée aux enchères publiques le 11 thermidor, an V de la république (29 juillet 1797) et adjugée le même jour à un entrepreneur de bâtiments au prix de 411 200 francs… La démolition s'en fit quelque temps après, mais les conditions insérées dans l'acte de vente n'imposant nullement à l'acquéreur l'obligation d'abattre la Tour, celle-ci fut conservée par son nouveau propriétaire sans qu'on ait jamais pu savoir quel fut le mobile qui le fit agir en cette circonstance, en tout cas que sa mémoire en soit ici glorifiée [26]. »

La Tour servit ensuite à un fabricant de grenaille de plomb, enfin en 1836, M. de Rambuteau, préfet de la Seine, l'acheta pour le compte de la ville de Paris aux héritiers Dubois, le 27 août, et la paya 250 100 francs.

C'est au zèle de MM. François Arago, Justin et Pontonnier, que l'on doit la conservation de ce magnifique monument. Enfin en 1852, la Tour fut restaurée et entourée d'un square, ces travaux coûtèrent 2 000 000 de francs, mais c'est là de l'argent bien employé. L'architecte chargé de la restauration était M. Théodore Balu, ancien grand prix de Rome. Les personnes qui désireraient de plus amples détails n'ont qu'à se rapporter à l'ouvrage de M. Jules Briois ; à l'appendice du tome second.

---

26   Jules Briois : La Tour Saint-Jacques, tome II, page 368.

Une autre des fondations de Flamel, la maison de la rue de Montmorency existait encore vers le milieu de notre siècle. Aujourd'hui, des hiéroglyphes de Flamel, il ne reste que sa pierre tombale au musée de Cluny! Une chose nous étonne, c'est que devant l'empressement que mettaient les alchimistes à visiter les lieux illustrés par Flamel, quelque riche seigneur disciple d'Hermès ne les ait pas achetés pour les préserver de la ruine. Aux xviie et xviiie siècles, l'affluence était grande aux fondations de l'adepte et surtout au Charnier des Innocents, à Saint-Jacques de la Boucherie et à sa maison de la rue des Écrivains. C'étaient là des lieux de pèlerinage pour les hermétistes et l'on en voyait toujours quelqu'un les yeux fixés sur les hiéroglyphes, méditant profondément, cherchant le rapport qu'il pouvait y avoir entre saint Pierre avec sa clef et le roi vêtu de pourpre des symboles de Basile Valentin.

Plus d'un certainement adressa de ferventes prières à Flamel qu'il considérait comme un saint parmi les alchimistes illustres.

Une légende courait parmi des souffleurs, Flamel, disaient-ils, aurait caché de la poudre de projection dans un mur désigné par des symboles spéciaux. Le résultat immédiat de cette légende, fut la destruction ou la mutilation d'un grand hombre des constructions de Flamel, mais celle qui eut le plus à souffrir fut sa maison de la rue des Écrivains. À sa mort, elle avait été partagée, l'une fut mise à l'enseigne du Lys l'autre à l'image saint Nicolas.

Si la poudre de projection était cachée quelque part ce ne pouvait être que dans son laboratoire, aussi, grande était l'affluence des souffleurs à la maison de la rue des Écrivains. Sauval lui consacre une page intéressante : « Ces souffleurs au reste après avoir évaporé et réduit en fumée leurs biens et celui de leurs amis, pour dernier recours, ont tant de fois remué, fouillé et tracassé dans cette maison qu'il n'y reste plus que deux caves, assez bien bâties et les jambes étrières toutes barbouillées de hiéroglyphes capricieux, de gravures mal faites, de mauvais vers et d'inscriptions gothiques que les hermétiques subtilisent à leur ordinaire et quintessencient.

« Que si on a la curiosité de descendre avec eux dans ces caves-là, aussitôt ils montrent le lieu ou Flamel s'enterroit pour faire de l'or, et voudront faire croire que ce petit morceau de terre produit et renferme de meilleur or et en plus grande quantité que toutes les Indes orientales et occidentales. Ils ajoutent qu'en 1624 le père Pacifique, capucin, grand chimiste, ayant criblé une partie de cette terre, ensuite fouillant plus avant il trouva des urnes et des vases de grès remplis d'une matière minérale calcinée, grosse comme des dés et des noisettes qu'au reste quoiqu'il pût faire, pour en tirer de l'or, toute sa science et son art échouèrent contre ce petit banc de grès et de sable. Bien plus, disent-ils, un seigneur allemand ayant creusé à un autre endroit ne fut pas moins heureux que le père Pacifique ; mais une femme par malheur qui logeoit dans la maison, ayant découvert à un coin plusieurs fioles de grès, couchées sur des matras de charbon, et pleines de poudre de projection, s'en étant saisie, ignorante qu'elle étoit, tout ce grand trésor périt entre ses mains ; et quoique ensuite ayant reconnu sa faute, elle ait affecté de demeurer dans tous les autres logis qui avaient appartenu à Flamel, elle a eu beau fouiller et vouloir pénétrer jusqu'à la première pierre des fondements, jamais elle n'a pu recouvrer sa perte » (tome II, livre VII, page 238).

Mais avant le père Pacifique, la maison avait déjà été fouillée. En 1576, raconte l'abbé Villain, un individu, pourvu d'un beau nom et de qualités, imaginaires sans doute, se présenta à la Fabrique de Saint- Jacques de la Boucherie, il déclarait devoir accomplir le vœu d'un ami défunt, pieux alchimiste, qui à son lit de mort lui avait remis une somme d'argent pour réparer la maison de Flamel. Le chapitre accepta. L'inconnu fit fouiller les caves sous prétexte de raffermir les fondations ; partout où il voyait un hiéroglyphe, il trouvait quelque raison pour faire démolir la muraille à cet endroit, enfin déçu, il disparut en oubliant de payer les ouvriers. Ces différentes aventures n'ébranlèrent en rien la foi des souffleurs. En 1560 le procureur du Châtelet avait fait saisir au nom du roi les différentes maisons ayant appartenu à Flamel pour les faire fouiller. La fabrique de Saint-Jacques réclama et eut gain de cause. La maison de Flamel n'avait pas été sans souffrir de cet excès d'enthousiasme, de toutes les sculptures qui l'ornaient, il n'en restait plus du temps de l'abbé Villain que sur un seul des piliers de la porte.

L'adepte y est figuré à genoux avec deux jeunes gens derrière lui. Au-dessus la Sainte Vierge et saint Jean avec cette légende : « Mes amis, qui passez la voie, regardez s'il est douleur pareille la mienne. » Au bas du pilier est une image de Saint Christophe. Parmi les autres inscriptions de la façade on lisait ces deux vers :

> « *Chacun soit content de ses biens*
> *Qui n'a souffisance, il n'a rien.* »

Nous ne nous sommes étendu si longuement sur ces différents épisodes que pour bien montrer combien fut grande la renommée de cet homme qui compta des fervents et des fanatiques après sa mort. De nos jours où l'alchimie semble une science morte, le nom de Flamel évoque encore l'idée d'adepte prestigieux et de richesses immenses.

Chapitre Neuvième

Le livre d'Abraham Juif — Explication de ses figures — Le Livre des
Lavûres — Description, citations — Le Livre des figures hiéroglyphiques — Son authenticité — Le Sommaire philosophique — Le
désir désiré — Le Psautier chimique — Traités apocryphes

D ans ce chapitre, nous allons examiner les
ouvrages hermétiques de Flamel ainsi que
ceux qui lui sont attribués, mais auparavant
nous parlerons du livre d'Abraham Juif.
Nous avons vu que ce précieux ouvrage se trouvait dans
la bibliothèque du cardinal de Richelieu, il est plus que
probable qu'il avait été trouvé dans les papiers du malheureux Dubois. À la mort de Richelieu, ce manuscrit
fut enlevé de sa bibliothèque par un gentilhomme de
sa maison. Mais il en fut fait plusieurs copies, puisque
Borel fit exprès le voyage de Paris à Millau pour en voir
une copie appartenant au seigneur de Cabrières. Eliphas
Lévi prétend que *le livre d'Abraham Juif* n'est autre que

l'*Asch Mezareph*, mais cette opinion avait déjà été émise dans le : *Livre rouge*, Paris, 1842, sorte de petite encyclopédie des sciences occultes.

L'auteur qui se cache sous le pseudonyme d'Hortensius Flamel y donnait le texte de l'Asch Mezareph. Hortensius Flamel et Eliphas Lévi sont-ils un seul et même auteur se cachant sous deux noms différents ou bien Lévi a-t-il copié Hortensius, peu importe. Eliphas Lévi reproduit l'Asch Mezareph dans sa : *Clef des grands mystères;* en voici un fragment qui donne bien la note de ce livre cabalistico-hermétique : « La k correspond à Chesed à cause de sa blancheur et de ses usages. Le e est le microprosope des métaux, c'est le Seir Anpin de la Kabbale métallique. Il correspond à Tiphereth ; à cause de son éclat et de sa vigueur et de ses triomphes, il est fort, il est beau comme Mars. C'est de lui que parle le psalmiste, psaume XI, verset dernier, etc.

Cependant, nous ne connaissons pas de manuscrit reproduisant le texte du livre d'Abraham Juif, par contre les figures ayant été décrites tout au long dans le *Livre des figures hiéroglyphiques*, ont été souventes fois reproduites soit en manuscrit, soit par l'imprimerie.

Sculptures et figures de l'Arche des Innocents.

Les accompagnent les figures de Flamel, du charnier des Innocents, dans une planche hors texte page 48 du premier volume de la *Bibliothèque des philosophes chimiques,* par Salomon, Paris, 1683. Cette planche fut reproduite dans une seconde édition, c'est d'après cette dernière que nous donnons les figures d'Abraham Juif et de Flamel.

Il existe à la Bibliothèque de l'Arsenal, sous ce titre « *Figures alchimiques de Nicolas Flamel,* d'après Abraham Juif (n° 3 047) », une reproduction de ces figures.

C'est un petit in-folio du xviie siècle. Les figures sont assez bien exécutées, à la suite on a collé quatre gravures pouvant avec beaucoup de bonne volonté recevoir une interprétation hermétique. À la fin se trouve dessiné à la sanguine un Athanor ou fourneau pour le grand-œuvre accompagné des initiales N. F. Ce manuscrit appartenait à M. de Paulmy. Celui qui a fait les dessins s'est contenté de reproduire au bas des pages la description des figures, d'après laquelle il les a reconstituées.

Un autre manuscrit présentant les figures d'Abraham, nous a été gracieusement prêté par M. Vigot auquel il appartenait. C'est un petit in-4°, 200 pages d'une bonne écriture de ce siècle. En tête une figure représentant les trois espèces d'or hermétique d'après le Triomphe hermétique, puis le titre : « Abraham Juif, prince, prêtre, lévite, astrologue et philosophe ». C'est un essai de reconstitution du livre d'Abraham d'après la description que nous en a laissée Flamel. Mais celui qui a perpétré ce manuscrit, après une préface pleine de malédictions contre ceux qui profaneraient ce livre, a compris l'inanité de son travail et il s'est contenté de donner la description des figures et leur explication. Les figures constituent, la seule partie intéressante de ce manuscrit, elles ont été en effet gravées au trait, puis coloriées à la main avec beaucoup de soin. Il ne fut tiré, paraît-il, que dix exemplaires de chaque gravure. La gravure du massacre des Innocents, qui avait été perdue probablement, a été remplacée par un dessin fait à la main.

Un autre manuscrit sous le nom d'Abraham Juif et qui n'est aussi qu'une reconstitution, appartient à M. Stanislas de Guaita qui a eu l'obligeance de nous en envoyer la description, nous en extrayons les passages suivants, d'abord le titre : « Abraham Juif, prince, prêtre, lévite, astrologue et philosophe, à la nation des Juifs répandue dans toute la Gaule par la colère de Dieu, salut en notre Seigneur Jésus-Christ. Livre des figures hiéroglyphiques, avec l'explication des fables des poètes, des mystères du christianisme, de l'alchimie et de la pharmacie. Suivant les nombres. » Ce titre seul suffit à démontrer que ce manuscrit est apocryphe de même que le précédent. « C'est un volume in-4° d'une écriture serrée environ 28 à 32 lignes à la page. Manuscrit du commencement du siècle portant l'ex-libris de M. de Querelles, puis celui de M. Lotz… »

La partie la plus curieuse de ce manuscrit n'est pas l'essai de reconstitution du livre d'Abraham Juif, mais une sorte d'interprétation alchimique de l'apocalypse de Saint-Jean, accompagnée aussi de figures fort intéressantes.

Enfin, nous possédons un manuscrit du XVIIIe siècle où se trouvent vingt-deux pages de commentaires sur le livre d'Abraham Juif. Mais ces commentaires ne présentent rien de particulier au point de vue qui nous occupe.

Ces manuscrits sont les seuls que nous connaissions actuellement, où les figures d'Abraham soient reproduites et coloriées d'après la description que nous en a laissée Flamel. Nous avons donné la description de ces figures, ainsi que leur reproduction d'après la planche de la *Bibliothèque des philosophes chimiques*, nous allons en donner l'explication.

« La première figure d'Abraham le Juif, représentant Mercure poursuivi par Saturne a trait à la purification de l'argent par le plomb. En effet, l'argent vulgaire coupellé perd de son poids, à cause des métaux étrangers qu'il contenait, métaux dont les oxydes sont absorbés par les parois de la coupelle. Les alchimistes voyant que dans cette opération l'argent avait perdu de son poids primitif, admettaient que ses parties volatiles s'étaient évaporées. Saturne ou le plomb poursuit Mercure ou l'argent philosophal et lui coupe les jambes, c'est-à-dire le rend immobile, le fixe, en un mot le rend inaltérable » (A. Poisson : *Théories et symboles des alchimistes*, page 87).

La seconde figure représentant une montagne couverte de dragons, avec un rosier à fleurs rouges et blanches à son sommet, a trait à la sublimation des natures métalliques, des deux spermes sulfureux et mercuriels, qui entrent dans la composition de la matière philosophique.

La troisième figure représentant un jardin avec un chêne creux et des gens qui cherchent la source, symbolise la réduction du sperme mercuriel en une eau claire et pesante qui est la source de la pierre. Beaucoup l'ont cherchée et peu l'ont trouvée.

La quatrième figure, le massacre des Innocents, c'est l'extraction du sein des métaux ordinaires des deux natures principiées, le soufre actif et le mercure passif avec lesquels on animera l'or et l'argent du vulgaire qui sont des métaux morts.

La cinquième figure, le caducée, signifie que la matière doit contenir des quantités équivalentes de soufre et de mercure. Elle indique de plus que l'alchimiste ne devient adepte que lorsqu'il connaît les lois, Mères de la Nature, et qu'il doit se rendre maître des Forces en les opposant les unes aux autres. Elle a une troisième signification, morale celle-là, c'est que seul est vraiment libre, celui qui n'étant l'esclave d'aucune habitude, peut également et par sa volonté pure, faire le bien et le mal, et sait se tenir en équilibre entre les deux.

La sixième figure, c'est le serpent crucifié, c'est la fixation du volatil.

La septième figure, le désert peuplé de serpents, représente la synthèse de l'œuvre, les trois sources des métaux, Soufre et Mercure unis par le Sel, et la Multiplication.

Ces explications sommaires sont celles qu'aurait données tout alchimiste instruit dans la Symbolique Hermétique. Nous aurions pu les étendre beaucoup plus, mais cela nous mènerait trop loin, il est temps de parler des œuvres de Flamel. Celles dont nous nous occuperons surtout sont :

1° *Le livre des Lavûres ;*
2° *Le livre des figures hiéroglyphiques ;*
3° *le Sommaire ;*
4° *le Désir désiré ;*
5° *Le Psautier chimique.*

Le *Livre des Lavûres* n'a jamais été imprimé, il existe à la Bibliothèque Nationale sous la cote 19 978, supplément français, il est catalogué : le livre des laveures de Nicolas Flamel. Comme c'est le seul manuscrit autographe qui nous reste de l'adepte, nous en parlerons longuement. C'est un volume de onze centimètres et demi de large et quinze et demi de long, il est relié en vélin, mais cette reliure est postérieure au manuscrit lui-même. ce n'est donc pas celle que Flamel y avait mise. Quand le volume a été relié de nouveau, il a été rogné, aussi la pagination et certains sous-titres qui se trouvent en marge sont souvent coupés en deux. Les plats portent les restes de quatre lacets qui servaient à fermer le livre. Sur les plats, mais très effacé, on voit l'hiérogramme du Christ. Le dos présente trois nervures. Le manuscrit est en vélin, le texte en petite gothique, avec les titres de chapitres en rouge, et les lettres capitales commençant les chapitres en rouge ou en bleu. Page 36, il manque un feuillet qui a été remplacé par deux feuillets reproduisant le texte en écriture du XVIIIᵉ siècle ; le feuillet 36 a été simplement transposé, on le retrouve entre les feuillets 102- 103. Il y a en tout 126 feuillets ou 252 pages, plus les quatre pages surajoutées et deux feuillets de garde, un au commencement, l'autre à la fin. Le manuscrit commence ainsi : Cy commence la vraye pratique de la noble science d'alkimie. Le désir désiré et le prix que nul ne peut prisé, de tous les philosophes composé et des livres de tous les anciens pris et tyré, cy en somme avons abrégé, afin qu'à toy, chier amy, apère estre très-certain l'argument de vérité de la plus excellente partie de philosophie, laquelle nous appellons la pratique d'alkimie, etc. ». Le volume se termine par ces mots : « Le présent livre est et appartient à Nicolas Flamel, de la paroisse Saint-Jacques de la Boucherie, lequel il l'a escript et relié de sa propre main ».

Dans un premier article, M. Vallet de Viriville admet l'authenticité de ce manuscrit après mûr examen, mais dans un second, il ne voit là que l'œuvre d'un faussaire du XVIIIᵉ siècle.

Néanmoins malgré ces contradictions, nous avons pris en considération l'opinion de Viriville et il nous a paru bon d'éclaircir la chose. M. Vallet assure que le nom du copiste ou de l'auteur a été gratté par le faussaire, qui a ensuite écrit le nom de Flamel. Or, voici ce qu'à notre tour, nous affirmons : toute l'écriture de la dernière page est un peu passée ; les dernières lignes étaient presque effacées, quand le possesseur du manuscrit a repassé sur les anciennes lettres et il l'a fait assez maladroitement. Quant au mot Flamel, il est presque effacé et l'*e* est remplacé par un trou, suite du grattage opéré à cette place ;

est-ce là le fait d'un faussaire voulant attribuer le manuscrit à Flamel, le nom qui se lit le plus mal est justement celui qu'il aurait eu intérêt à mettre le plus en évidence. En tout cas, gratter un nom est une ruse grossière, il existait même à cette époque suffisamment de moyens de faire habilement disparaître l'encre sans recourir au grattage et jamais un faussaire n'aurait eu recours à ce dernier moyen.

Pour nous c'est le propriétaire du volume qui a voulu rétablir le texte un peu passé de la dernière page, et il l'a fait assez hâtivement sans se soucier de calligraphier.

Le *Livre des Lavûres* était au XVIIᵉ siècle entre les mains de François de Gerzan, auteur de quelques traités d'alchimie. Borel qui nous rapporte ce fait dit. « …l'on estime que ce manuscrit a été écrit de la propre main de Flamel. » Or, Borel écrivait ceci en 1653, puisque sa: *Bibliotheca chimica*, a paru en 1654. Que devient alors le faussaire du XVIIIᵉ siècle de M. Vallet?

Au XVIIIᵉ siècle, ce manuscrit se trouvait dans la bibliothèque de Saint-Germain des Prés et c'est de là qu'il est passé à la bibliothèque nationale.

En lui-même le *Livre des Lavûres* est peu intéressant, c'est un des premiers traités hermétiques produits par les occidentaux, il semble avoir été écrit vers le milieu du XVIᵉ siècle, car nous regardons le *Livre des Lavûres* comme une simple copie de la main de Flamel, copie d'un manuscrit plus ancien. Nous avons en effet lu et copié ce manuscrit 19978 entièrement et nous n'y avons absolument rien trouvé qui pût le faire regarder comme l'œuvre de Flamel, pas un fait, pas un nom dans ces cent vingt-six pages qui justifie cette étonnante affirmation de M. Louis Figuier. « Ainsi, Nicolas Flamel explique dans ce manuscrit à l'adresse des alchimistes ce qu'à la même époque il leur donne à déchiffrer dans les figures hiéroglyphiques du Charnier des Innocents et du portail de Saint-Jacques la Boucherie. »

Nous plaçons l'original du *Livre des Lavûres* vers le milieu du quatorzième siècle, parce qu'on y cite le Rosier des philosophes. C'est le *Rosarium philosophorum* d'Arnauld de Villeneuve mort en 1311. Les ouvrages et auteurs cités dans le *Livre des Lavûres* sont : Hermès, Geber, Fledus, le livre de la secrète compaignie, Aristote, Pitagoras, Platon, Avicenne, le Rosier des philosophes, le livre de Veillier et de Dormir. Dans le corps de l'ouvrage, il est fait mention de figures d'appareils qui devront se trouver dessinées à la fin. Ces figures n'existent plus, et celles que l'on trouve sur le feuillet de garde sont peut-être une reproduction des figures primitives, mais elles ont été dessinées au dix-septième siècle.

Le livre des laveures, s'il n'a jamais été imprimé, a été copié nombre de fois ; à la seule Bibliothèque nationale il en existe trois copies ; Pierret, le dernier des alchimistes parisiens, en possédait aussi une qu'il a cédée au marquis de Villeplaine. Nous dirons rapidement quelques mots des trois copies de la Nationale.

1° Le mns 19.963, fonds français, in 4, écrit sur papier; on y trouve au commencement ce quatrain:

> « *De par celui qui vous aime mieux*
> *Que nul qui soit soubz les cieux*
> *De par celuy qui tant vous ayme*
> *Qu'à vous servir mettroit sa peine.* »
>
> N. FLAMEL.

Il est identique au 19978, sauf qu'à la fin, il porte: Icy finit le livre de Nicolas Flamel, escrivain qui fut jadis de la Paroisse de Saint-Jacques la Boucherie, à Paris ». Et avant cet alinéa, il y a écrit: signé Flamel. Ce manuscrit appartenait d'abord à Séguier, puis il passa à la bibliothèque d'Henri du Cambout, duc de Coislin, qui le donna au monastère de Saint-Germain-des-prés en 1732.

2° Le manuscrit 14.799 (supplément français). Quoiqu'il soit intitulé: *le livre des Régimes*, il est identique avec le 19.978. Il a été copié sur ce dernier en 1743. C'est une assez bonne copie de 230 pages in-4°. Deux copistes y ont travaillé, le second, peu scrupuleux, passe des mots et même à la fin abrège considérablement jusqu'à représenter des pages entières de l'original par quelques simples lambeaux de phrase. À la fin, après ces mots: « lequel il l'a écrit et relié de sa propre main… » on lit: et l'a donné à son neveu pour héritage.

3° Le manuscrit 19962, in-4° de 52 feuillets sur papier, écriture du xvie siècle. Ne porte pas mention du nom de Flamel, même histoire que le numéro 19963.
Nous terminerons par quelques extraits du *Livre des Lavûres* (copiés sur le 19.978). Voici la définition de l'alchimie. « Alkimie est une partie réelle de philosophie naturelle, la plus nécessaire, de laquelle est constitué un art, lequel est non pareil à tous autres, lequel art enseigne de muer toutes pierres précieuses non parfaites à vraye perfection et tout corps humain malade à parfaite et noble santé, et transmuer tous les corps des métaux en vray Soleil et vraye Lune, par un corps médicinal universel auquel toutes les particularités de médecine sont réduites, lequel est accomply et fait par un secret régime révélé aux enfants de vérité, etc.» La définition se déroule ainsi le long de plusieurs pages. Ensuite vient le chapitre de la théorique ; l'auteur y distingue la théorie de la pratique. La pratique ou « première intention, si est, que vous devès acquérir engin naturel par lequel le mercure naturellement se puisse endurcir.» La théorie, c'est la seconde intention. « Si est de sçavoir et congnoistre la raison et l'effet par lequel se endurcit et se congelle en succession intellectuelle selon la nature de la altéracion successive qui se fait en la matière de nature, etc.» Il nous semble entendre Rabelais demander : *Utrum chimera bombinans in vacuo possit comedere secundas intentiones.*» a La suite est plus compréhensible, on y trouve l'application du principe d'homologie ou d'analogie, qui est la base

de l'alchimie et des sciences occultes en général : « Nul temps l'argent vif ne peut rien muer, se premier n'est mué et par art transformé de une nature en autre, et ainsy comme il est transmué, tout ainsy après il transmue. Car quand il est dissout, après il dissout et quand il est endurcy et congelé, après il endurcit et congèle. » Plus loin on lit que l'eau par elle-même est de nature froide et inapte à être assimilée par le corps humain, mais que l'on vienne à y faire bouillir de la viande ou chair, l'eau prendra la nature de la viande, et elle constituera dès lors une nourriture fortifiante, assimilable : « Et pour ce l'eau de la chair après sa décoction, n'est pas itelle comme elle estoit devant, mes est son essence du tout convertible en nature de chair. » Poursuivant ses idées théoriques l'auteur compare la production de la pierre aux différents actes de la génération animale : « Reste que selon le droit de nature, il n'y a rien à conjoindre pour faire génération sinon les deux spermes qui sont principes de nature et toute voies ces deux spermes nous n'avons pas actuellement, si premier ne les tirons du Soleil et de la Lune par dissolution de leurs corps et subtiliacion.

Ainsy comme ne de l'homme, ne de la femme ne se peuvent adjoster leurs spermes en cohit se premier ne sont tirées des rongnons par délectation dissolutive, faite par l'amour de nature libidineuse. Et ainsy comme il suffit à l'homme et à la femme leurs spermes, ainsy suffit-il à l'or et à l'argent leurs spermes. » Cette agréable comparaison se continue par l'assimilation de la matrice de la femme au matras dans lesquels les alchimistes renferment la matière. À la suite de ce chapitre préliminaire commence la pratique. Les opérations se divisent en quatre régimes subdivisés en huit lavûres. Chaque lavûre comprend un nombre variable de : disposicions. L'examen de la pratique nous conduirait trop loin, d'autant qu'il nous reste à examiner divers ouvrages dont Flamel est l'auteur ; il ne faut pas oublier que pour ce *Livre des Lavûres* ce n'est qu'une copie d'un traité antérieur à Flamel.

Un autre traité : Le *Livre des figures hiéroglyphiques*, a également soulevé de longues discussions.

L'abbé Villain qui en a fait la critique refuse naturellement d'y voir un ouvrage de Flamel. Nous ne ferons que résumer ici les raisons que nous avons de considérer cet ouvrage comme authentique.

1° Le nom de Flamel s'y trouve plusieurs fois, et il s'y trouve comme nom d'auteur.

2° On y raconte divers épisodes de la vie de Flamel, et ni les épisodes, ni les dates qui les accompagnent ne sont en contradiction avec ce que nous savons de la vie de Flamel par les actes officiels conservés, soit aux Archives, soit à la Bibliothèque nationale.

3° On y trouve mentionné et décrit le Livre d'Abraham et ce livre existait encore du temps de Richelieu dans sa bibliothèque.

4° Ce livre donne une explication des Figures du charnier des innocents telle que Flamel seul pouvait la donner.

5° Par contre, il n'y a aucune raison sérieuse d'en refuser la paternité à Flamel.

Vallet de Viriville lui, prétend[27] que le *Livre des figures est apocryphe* parce que Flamel, dit-il, n'a jamais été alchimiste, et que sa légende a été établie en 1561 par Jacques Gohorry, qu'avant ce dernier on n'avait jamais ouï parler de Flamel alchimiste. Malheureusement pour Vallet, nous avons un témoignage plus ancien que celui de Gohorry, c'est celui de Vicot, l'ami de Grosparmy et de Valois, un trio d'alchimistes fort intéressants et pourtant peu connus. Vicot mourut dans la première moitié du xve siècle, car Grosparmy écrivait en 1449 et mourut peu à près, or Vicot écrivit un traité hermétique pour le fils de Valois, ce dernier ayant suivi son ami dans la tombe ; mettons au plus tard 1460. Dans ses cinq livres, P. Vicot cite Flamel. « Ce Soufre et ce Mercure sont les deux dragons de Flamel et ils sont notre or et notre Lune qui sont vivants et les vulgaires sont morts. » Ainsi, voilà Flamel cité comme alchimiste par un auteur qui écrivait au plus une quarantaine d'années après sa mort ! Ce simple fait réduit à néant la brillante hypothèse de M. Vallet de Viriville.

Pour en revenir au *Livre des figures hiéroglyphiques*, cet ouvrage fut édité pour la première fois en 1612 par Arnauld de la Chevalerie, voici le titre du volume : « *Philosophie naturelle de trois anciens philosophes renom-*

---

27   Dans son second article.

mez, Artephius, Flamel et *Synésius traitant de l'Art occulte et de la transmutation métallique*», in-6, Paris, 1612. Il fut réimprimé dans le même format en 1659 et en 1682, nous avons sous les yeux un magnifique exemplaire de cette dernière édition aussi rare et plus complète que les deux précédentes. Le *Livre des figures hiéroglyphiques* se trouve aussi dans la Bibliothèque des philosophes chymiques de Salomon, 2 vol. in-12, Paris 1672-1678 et 1683. Page 49 du premier volume et dans la *Bibliothèque des philosophes chimiques*. Nouvelle édition par J. M. D. R. 4 vol. in-12, Paris, 1741, dans le tome II. Cette édition complète en 4 volumes est rare, quant au supplément, formant un cinquième volume, il est rarissime. Toutes ces éditions du *Livre des figures hiéroglyphiques*, doivent être accompagnées de la planche hors texte reproduisant les sculptures du Charnier des Innocents. Tous les renseignements qui précèdent ont surtout trait aux collections dans lesquelles on trouve l'ouvrage qui nous occupe, passons à l'ouvrage lui-même. Il fut traduit du latin en français par le sieur P. Arnauld de la Chevalerie, gentilhomme poitevin. Le traité qui précède le livre des figures dans les éditions de 1612-1653-1682, est d'Artéphius et comporte le texte latin en face du texte français. Le Livre des figures ayant été originellement écrit en latin, l'éditeur fut sur le point de donner les deux textes, mais outre la grande planche il y a dans le texte d'assez nombreuses figures qui reproduisent des fragments agrandis de la planche et l'éditeur explique fort bien que « ...à cause des diverses figures qu'il faut souvent représenter, je n'ay peu te les bailler qu'en une langue. Car il eust été grossier de mettre les figures en tous les deux textes latin et françois ou de n'en mettre qu'en un. Et n'en mettant qu'en un, les figures occupant l'espace eussent empesché que le latin et françoi ne se fussent pas bien rencontrés en feuillets, j'ay donc esté contraint de te les bailler en cette-cy seulement. Or, j'ay choisi la françoise…, etc.» Le *Livre des figures hiéroglyphiques* se divise en trois parties, un avant-propos, où Flamel raconte comment il devient adepte, nous en avons largement usé dans le second chapitre de cet ouvrage; ensuite vient un chapitre : Des interprétations théologiques qu'on peut donner à ces hiéroglyphes selon le sens de moy Autheur. C'est d'après la troisième partie : les interprétations philosophiques selon le magistère d'Hermès, que nous avons expliqué les figures de la seconde arcade construite aux innocents. Les ouvrages et auteurs cités dans le *Livre des figures hiéroglyphiques* sont : le livre du roy Hercules, le Rosaire, les œuvres de Calid, Pythagoras, Morienus, Hermès, Rosinus, Diomèdes, Rhasès, Artephius, Haly, Avicenne, Démocrite, Lambsprinck. Tous ces alchimistes sont antérieurs à Flamel, ce qui est une preuve de plus d'authenticité; pour Lambsprinck seul il pourrait y avoir doute, quelques auteurs comme Schmieder ayant placé cet alchimiste allemand au xvie siècle, mais ils le font par approximation, sans donner de raisons ni de preuves. En réalité, Lambsprinck a vécu au commencement du xive siècle, et nous aurons au moins une raison pour lui assigner cette époque : la citation de Flamel.

La réimpression du *Livre des figures hiéroglyphiques* a été faite sur l'édition de 1682.

Vient ensuite un ouvrage en vers intitulé : *Le Sommaire philosophique de Nicolas Flamel.*

Il a été imprimé pour la première fois en 1561 dans un petit recueil intitulé : *La transformation métallique*, et qui contient les poèmes alchimiques de Jehan de la Fontaine (*la Fontaine des amoureux de science*), Jehan de Meung (*La remontrance de nature à l'alchimiste errant*), et Nicolas Flamel (*Le sommaire philosophique*). Ce dernier ouvrage fut réimprimé : 1° en latin, dans le *Museum hermelicum reformatum et amplificalum*, in-4, Francofurti 1677 et 1678 ; 2° en français, dans le troisième volume du Roman *de la Rose*, in-12, Paris 1735, 3 volumes ; 3° dans le second volume de la *Bibliothèque des philosophes alchymiques ou hermétiques*, nouvelle édition, Paris, 1756, 4 vol. Dans cette dernière édition, il occupe 16 pages de texte ; Flamel s'en donne comme l'auteur dans le *Livre des Figures*, où il cite le Sommaire, c'est une sorte le résumé de la théorie et de la pratique du grand-œuvre. Le commencement rappelle les premiers chapitres du *Livre des Lavûres*. Flamel aimait assez la poésie à ce qu'il semble, si l'on en juge par les nombreuses inscriptions en vers dont il a orné ses maisons et fondations. Il est fort possible que sur le déclin de sa vie, il ait mis en vers quelque ouvrage hermétique qui lui aurait beaucoup servi.

Nous nous arrêterons encore moins longtemps sur le *Désir désiré*. Il a été imprimé en 1629 avec le *Traité du Soufre du Cosmopolite et l'œuvre de Charles VI*, sous le titre suivant : le *Trésor de philosophie ou le Désir désiré de Nicolas Flamel*. Cet ouvrage connu aussi sous le nom de *Livre des six paroles*, se trouve à la suite du précédent dans la *Bibliothèque des philosophes alchimiques*, tome II, page 285. Vallet de Viriville confond le *Désir désiré* avec le *Livre des Laveures*. Il regarde le premier comme une paraphrase assez large du second, son erreur vient d'abord de ce qu'il n'a lu ni l'un ni l'autre, ensuite de ce que le *Livre des Lavûres* porte dans les manuscrits plusieurs titres secondaires, ainsi nous l'avons trouvé sous les noms de : *Livre des régimes*, le *Désir désiré*, *la Fleur de Sapience*, etc. Mais en réalité le *Désir désiré* imprimé n'a aucun point de ressemblance avec le *Désir désiré* manuscrit qui n'est autre que le *Livre des Lavûres*. Rien dans l'ouvrage qui nous occupe, ne pouvant le faire attribuer à Flamel, nous inclinons à le considérer comme apocryphe.

Nous allons dire quelques mots d'un manuscrit original de Flamel qui semble perdu et qui n'a pas de titre ; nous l'appellerons pour plus de commodité, le *Psautier chimique*, Dom Pernety nous en a laissé la description dans deux lettres insérées dans l'*Année littéraire de Fréron* en 1758 et en 1762. Ce traité était, paraît-il, écrit dans les marges d'un psautier. En voici le début :

« Le commencement de la sagesse est la crainte du Seigneur. Je, Nicolas Flamel, écrivain de Paris, cette pré-

sente année mil quatre cens quatorze, du règne de notre prince bénin Charles VI, lequel Dieu veuille bénir,
et après la mort de ma fidèle compagne Perenelle, I me
pren fantaisie et liesse, en me recordant d'icelle, écrire en
grâce de toy, chier nepveu toute la maîtrise du secret de
la poudre de projection ou teincture philosophale, que
Dieu a pris vouloir de départir à son moult chétif servi-
teur, et que ay répéré et comme repèreras[28], en ouvrant[29]
comme te diray… Adonc ay escrit ce dit livre[30] de ma
propre main et que avois destiné à l'église Saint-Jacques,
estant de laditte paroisse. Mais après que j'eu recouvré
le livre du Juif Abraham, ne me prit plus vouloir de le
vendre pour argent, et j'ai iceluy gardé moult avec cure,
pour en lui escrire le secret d'alchemie en lettres et caractères fantasiés dont te baille la clef et n'oublie mie d'avoir
de moy souvenance, quand seroy dans le sudaire[31] ; et
remémores adonc que j'ay fait tels documens, c'est-à-
scavoir afin que te fasse grand maistre en Alchemie…
En avant de dire mot sur la pratique d'ouvrer, j'ai vouloir de te conduire par théorique à connoistre ce qu'est
l'Alchemie, c'est à scavoir science muante corps métalliques en perfection d'or et d'argent, produisant santé aux
corps métalliques en perfection d'or et d'argent, produi-

---

28   Repéré : trouvé. — repéras : trouveras.
29   Ouvrant : œuvrant, travaillant.
30   Le psautier dans les marges duquel il écrit le traité d'alchimie.
31   Sudaire : suaire.

sant santé aux corps humains et muant viles pierres et
cailloux en fines sincères et précieuses, etc. ». *Le Psautier
chimique* finissait ainsi : « Adonc as le trésor de toute la
félicité mondaine, que moi, pauvre ruril de Pontoise ay
faict et maistrisé par trois reprinses à Paris, en ma maison rue des Ecrivains tout proche de la chapelle Saint-
Jacques de la Boucherie et que moi Nicolas Flamel, te
baille, pour l'amour qu'ay toi en l'honneur de Dieu…
Avises donc chier nepveu de fair comme ay fait ; c'est à
scavoir de soulager les povres nos frères en Dieu, à déco-
rer le Temple de notre Rédempteur, faire issir des prisons
mains captifs détenus pour argent et par le bon et loyal
usage qu'en feras, te conduiras au chemin de gloire et
de salut éternel, que je, Nicolas Flamel, te souhaite au
nom du père Éternel, fils Rédempteur et Saint-Esprit il-
luminateur, saincte, sacrée et adorable Trinité et Unité.
Amen ».

Nous avons cité ces deux précieux fragments *in extenso*, parce que ce sont malheureusement les seuls que
Pernety nous ait conservés et que le manuscrit original
semble perdu.

D'autres ouvrages ont été mis sous le nom de Flamel
par quelques bibliographes soucieux d'enfler leurs cata-
logues. Les annotations de Flamel sur Denys Zachaire,
imprimées dans le *Theatrum chimicum*, tome I et dans
la *Bibliotheca chemica Mangeti*, tome II, sont apocryphes, puisque Flamel vivait un siècle avant Zachaire. De
même : *Le grand Eclaircissement de la Pierre philosophale*,

mis sous son nom, n'est pas de lui, mais d'un disciple de R. Lulle. Borel attribue encore à Flamel un manuscrit intitulé : *la Musique chimique*, sur lequel nous n'avons aucune espèce de renseignement.

En résumé, les seuls ouvrages qui puissent être attribués à Flamel sont : *Le Livre des Figures hiéroglyphique*, *le Psautier Chimique* et *le Sommaire* — *Le Livre des Lavûres* est une simple copie de sa main — Tous les autres sont apocryphes.

Chronologie de la vie de Nicolas Flamel

1330   (?) Naissance de Flamel.
1355   (?) Mariage avec Pernelle.
1357   Flamel achète le livre d'Abraham Juif.
1358   Il commence à travailler d'après ce manuscrit.
1372   Premier don mutuel.
1379   Pèlerinage à Saint-Jacques-de-Compostelle.
1382   Première transmutation.
1383   Deuxième transmutation.
1386   Renouvellement du don mutuel.
1388   Deuxième renouvellement du don mutuel.
1389   Édification d'une première arcade au charnier des Innocents. Portail de Saint-Jacques de la Boucherie.
1395   Il écrit : le Sommaire philosophique.
1396   Ratification du don mutuel.
1397   Testament codicille et mort de Pernelle.
1399   Flamel commence le *Livre des figures hiéroglyphiques*.

1400   Visite de Cramoisy.
1402   Édification du portail de Sainte-Geneviève des Ardents.
1406   Flamel achète des maisons rue de Montmorency.
1407   Achat de maisons rue Saint-Martin. Il fait travailler à Saint-Nicolas-des-Champs. Il élève une seconde arcade aux Innocents et un mausolée pour Pernelle.
1410   Il achète une maison rue du cimetière Saint- Nicolas, ainsi que diverses rentes.
1411   La chapelle de l'hôpital Saint-Gervais est reconstruite à ses frais.
1413   Il termine le *Livre des figures hiéroglyphiques.*
1414   Il écrit *Le psautier chimique.*
1417   Mort de Flamel.

Table des matières